PHP
Business Shinsho

将来が不安なら、貯金より「のんびり投資」

簡単・安心・手間いらずの長期投資で豊かな人生！

Atsuto Sawakami
澤上 篤人

PHPビジネス新書

はじめに

戦後七十年――。

われわれ日本人は必死に働き、世界でもトップクラスの豊かさを手に入れてきました。

それなのに、誰もがどこか不安そうな顔をしているのは、いったいなぜなのでしょう。

おそらくみんな、自分の将来が不安なのです。

いまはなに不自由ない生活を送っているけれど、この先、歳をとったらどうなってしまうのだろう。日本の財政赤字はすでにGDPの二倍を超えているというのに、改善するどころか毎年膨らみ続けている。このままでは年金も出ないかもしれない。定年後もきちんと生活を維持していけるのだろうか……。

そういう不安が頭の中に渦巻《うずま》いているのだと思います。

そして、それに対し自分にできることは何か考えると、たいていの人が思いつくのは預貯金です。現役のうちに、いずれやってくる老後に備えて、少しでもお金を貯めておこうというわけです。

日本経済が発展段階から高度成長期にあるときは、どこの企業も右にならえで成長できました。ところが、成熟期のいまはそうはいきません。業績の悪い会社はすぐに淘汰《とうた》されたり、買収のターゲットになったり、生き残るために規模を縮小せざるを得なくなったりします。

それゆえ、定年はまだずっと先の二十代や三十代の人も、常に明日のことはわからないという不安にさいなまれます。そうなると、とくにほしいものもないし、だったらいざというときのために貯金をしておこうという発想になるのです。

「もしものときには郵便局や銀行にまとまったお金があれば助かる」

「なんだかんだ言っても、コツコツと貯金に励むのがいちばん安全で確実な財産づくりだ」

たぶん、不安を抱えている働き盛りの人たちは、高度成長期を過ごした上の世代からこういうふうに言われて育ってきたのです。

私は本書で、その常識は正しくないということを、できるだけ丁寧に説明していこうと思います。

預貯金では将来の不安が解消できない

預貯金が将来の不安を遠ざけるのに役立つというのも、安全で確実な財産づくりだというのも、全部間違いです。より正確にいうなら、それは発展段階の常識であって、成熟期には当てはまらないのです。

高度成長のころは郵便局や銀行にお金を預けておけば、何もしなくても十年経てば、そのお金は約二倍になりました。金利が年六〜七%もあったからです。

ところが、現在の預貯金金利はというとわずか〇・〇二%。一〇〇万円を十年預けても、利息はわずかに二〇〇〇円です。

これでどうやって財産づくりをしろというのでしょうか。

「それでも元本は保証される。一〇〇万円の価値は十年経っても変わらないじゃないか」

日本ではデフレが長く続いたので、こう信じている人も多いようですが、これも間違いです。これからくるのはデフレではなくインフレです。

本書で詳しく説明しますが、世界はいま「債券バブル」の状態にあります。なかでも九〇〇兆円を超える日本の国債発行残高は異常です。だってGDPの約二倍ですよ。二〇一五年度も税収が約五六兆円しかないのに新規国債を約三七兆円も発行します。完全に歯止めを失っているといってもいいでしょう。

それでも、いまはまだ日銀が必死になって買い支えているので、なんとかなっています。しかしながら、際限なく国債を発行し続けるなんてことはできません。

市場に大量に供給されたものの価値は必ず下がります。これは経済の大原則で、国債も例外ではありません。何かがきっかけで日本国債売りが始まったら、そのときは日銀も止めるのは不可能です。国債価格の暴落と評価損を恐れて、みんなが保有している国債をわれ先に売り逃げようとするからです。日本国債は間違いなく暴落します。

そうすると長期金利が跳ね上がり、行き着く先はインフレの到来です。あるいはスタグフレーション突入です。つまり、不況なのに物価と金利が急上昇し、生活が一気に厳しくなる現象に陥ることもあり得ます。

インフレで貯金の価値が大きく目減りしてしまう

また、日銀の黒田東彦《はるひこ》総裁がアベノミクスで掲げた二％の物価上昇率がいまだに達成されていないため、異次元の金融緩和が続いており、市場には大量のお金が出まわっています。つまり、こちらでもインフレの準備が十分に整っているのです。

ひとたび物価がインフレに振れてきたら、二％で止まるなんてことはないでしょう。三％、四％と進み、最悪はハイパーインフレも考えられます。

インフレというのはお金の価値が下がることです。お金の価値が半分になれば、これまで一万円で買えたものが、二万円払わないと手に入らなくなります。もし郵便局や銀行に一〇〇万円を置いていたら、その価値は現在の五〇万円分に目減りしてしまうということです。元本保証だから資産価値は失われないと思っていたら、大けがをすることになります。

それから、郵便局や銀行は大量の日本国債を保有しているという点も見逃してはいけません。それは、日本国債が暴落すれば、たちまち経営は厳しい状況にたたき落とされる可能性が高いということを意味します。

たとえ銀行が破たんしても、預金は一〇〇〇万円までペイオフで守られるというのも、額面どおり受け取らないほうがいいでしょう。その際の原資となる預金保険機構の資金プールの額（わずか二・三兆円）をみれば、ペイオフを約束どおり実行するのは無理だと言わざるを得ないからです。

いずれも本書の別のところでより詳しく説明しますが、預貯金では将来の不安が解消できない。その点は覚えておいてください。

長期投資は最も安全かつ確実な資産形成法

預貯金では将来の不安が解消できないならどうしたらいいのでしょう。

本書にはその答えもちゃんと書いてあります。ひと言でいうなら、それは株式主体の長期投資です。

国債が暴落しようが、インフレに見舞われようが、日本の国家財政が破たんしようが、私たちの生活は続いていきます。そして、食事をしたり、顔を洗ったり、車を運転したりといった日々の暮らしは、企業が製造し提供してくれるモノやサービスなしには成り立ちません。つまり、人々の生活があるかぎり、企業活動もまたなくならないのです。

ということは、何があっても必要とされる企業は、つぶれないということになります。

また、いまよりもっといい世の中にしたい、子どもや孫が暮らしやすい社会を残したい。そのように考えない人はいないでしょうから、それを可能にしてくれる企業もまたつぶれないといえます。つぶれないどころか、そういう企業は成長し、確実に業績を伸ばしていくに違いありません。

つまり、われわれの毎日の生活を支えてくれていたり、いまよりいい未来の社会をつくるのに役立ったりする企業に長期投資をするのが、成熟期においては最も安全な資産形成の手段なのです。

それに、長期投資は生活者にとって必要な企業を応援しようと、「株価の安いときには買い、高くなったら売る」ということを、自分のリズムで繰り返すだけです。マネーゲームとは違うので年中株価の動きを追いかけなくてもいいし、金融の知識も必要ありません。それでいて、預貯金とは比べものにならないスピードで資産を増やすことが可能なのです。

さらに、長期投資のリターンは、お金がより良い社会のためにたっぷりと働いてくれ、ありがとうという言葉とともに増えて戻ってくるものなのです。その繰り返しで、最終的にはファイナンシャル・インディペンデンス（経済的自立）、お金から自由になることすらできるのです。

「日本の未来は明るい」と断言できる理由

長期投資の恩恵を受けるのは、投資をしている本人だけではありません。より良い未来を実現するためにがんばっている企業にお金がまわり、そうした企業が活躍・成長することで、社会全体をより良いものに変えていくこともできるのです。

現在、日本には一七一七兆円もの個人金融資産があります。しかし残念なことに、そのうち八三四兆円は預貯金でボーッと眠ってしまっています。こんな国は世界中どこにも存在しません。かりに預貯金に眠る八三四兆円の一割、つまり八三兆円が目を覚まし、より良い未来を実現する企業にお金がまわり出したら、どうなると思いますか。それだけで日本経済は息を吹き返しますよ。「日本の未来は明るい」と私が断言できるのはそのためです。

また、長期投資を求めているのは日本国内だけではありません。世界中どこでも、より良い未来実現のためにと、まじめにがんばっている企業ほど、昨今の短期マネー至上主義に頭を悩ませているんです。

もし日本の巨額の金融資産が長期投資に向かい始めたら、世界中の優良企業が東京市場での上場を目指すようになるでしょう。そうしたら異常な短期マネー至上主義に振りまわされている企業経営もきっと是正されます。だから、「日本には、短期マネーにめちゃくちゃにされている世界経済を正常な状態に戻す力がある」といっても過言ではないのです（このあたりのことは第二章で詳しく解説します）。

投資を成功させる最大の秘訣は「のんびり」やること

私はバブルが崩壊するずっと前の一九七〇年代はじめに、資産運用ビジネスの世界に入りました。以来、もうかれこれ四十四年以上もこの世界で仕事をしています。これほどの長期間、資産運用の世界を見続けてきた日本人は非常に珍しいでしょう。

九九年には、日本初の独立系の投資信託会社である「さわかみ投信」を設立しました。勤務先のピクテ銀行、スイスの資産運用と管理を専門とする銀行に「一般家庭の財産づくりを本格的な長期投資でお手伝いしたい」と訴え続けたものの、六年経ってもゴーサインが出ないので、しびれを切らして自分でつくったのです。

当初設定額は一六億円。それから約十五年経ったいまは、約一二万人のお客さまから約三〇〇〇億円のお金をお預かりし、資産形成のお手伝いをさせていただいています。基準価額も二万二〇〇〇円台（二〇一五年十一月末時点）と設定当初の二倍を優に超えています（さわかみファンドの実力はまだまだこんなものではないと思っていますが）。

資産運用ビジネスでの長い経験から、長期投資を超える資産形成法はないと確信しています。投資は難しい、投資は危険だと思っている人も多いでしょうが、まったく逆です。長期投資は易《やさ》しいし、安全度の高い財産づくりの方法なのです。

しかし、それには一つだけコツがあります。

それは、のんびりやるということです。

もっと儲けよう、できるだけ利益を大きくしよう、そんなことを考え始めると、たちまち相場に引きずり込まれて火傷《やけど》をしてしまいます。

焦らなくたって、相場が暴落したときに買い、高騰しているときに薄く薄く売り上がるというリズムさえ崩さなければ、イヤでも儲かってしまうのが長期投資なのです。

そんなことが本当にあるのかって？

疑う前に、まずこの本を読んで、それからぜひ自分で試してみてください。私の言っていることが決して嘘ではないことがわかるはずです。夢物語でもないのです。

いいですか、のんびりですよ。それだけは守ってください。

それでは、のんびり投資の世界へようこそ。

二〇一六年一月

澤上篤人

将来が不安なら、貯金より「のんびり投資」　目次

はじめに

第一章　なぜ「のんびり投資」なのか
——将来の不安を解消するための最も簡単かつ確実な方法

第二章　「のんびり投資」で日本経済は大復活する！
──少子高齢化・成熟経済でも日本が成長していける理由

第三章 実践！「のんびり投資」
——投資する企業をどう探す？ 売り時、買い時の判断は？

巻末対談

長期投資で「経済的自立」と「いい社会」を同時に実現しよう

澤上篤人（さわかみ投信取締役会長）×草刈貴弘（さわかみ投信取締役最高投資責任者）

構成＝山口雅之

第一章

なぜ「のんびり投資」なのか

——将来の不安を解消するための最も簡単かつ確実な方法

澤上篤人
さわかみ投信取締役会長

みんな「投資もどき」を投資と勘違いしている

さて、本当の投資というお話から始めていきましょうか。

私が投資に「本当の」という但し書きを付けるのには理由があります。日本では、ほとんどの人が「投資」というものを大きく誤解しています。そして、「投資はリスクが高い」「投資は儲からない」と勝手に思い込んでいるのです。

たとえば、「投資とは何か」と尋ねられたら、どんなものを頭に浮かべますか。

・一攫千金《いっかくせんきん》を狙って先物取引に大金を投じる。
・FX（外国為替証拠金取引）で手元の一〇万円を一気に一〇〇万円にしようと目論《もくろ》む。

こんなものは単なる博打、ギャンブルです。本書を手に取ってくださるような方なら百も承知ですよね。では、これはどうでしょう。

・新聞やニュースで相場の動向を常にチェック。これから株価が上がると思ったらすかさず買い、高値をつけたところでさっと売り抜ける。

・ビジネス誌や会社四季報などで企業の業績や経営戦略をこまかくチェック。株価が割安な会社を見つけ出し、その株を他人より一歩先に買う。そして、みんなが買い群がってきて株価が上がったところで、いち早く売却して儲ける。

一見まっとうな投資のようですが、私からすればやはりこれも、本当の投資からはほど遠い「投資もどき」です。

日本ではほとんどの人が、「投資＝短期的に儲けるための手段」だと勘違いしています。はっきり言いましょう。目先の株価の上げ下げをみて、いくら儲かった、損をしたと一喜一憂するのは「トレーディング」というものです。投資ではありません。

では、本当の投資とはどういうことなのか。

ひと言でいえば、**「経済の現場にお金をまわしてあげて、人びとの生活が豊かになるのを**

お手伝いすること」です。

誰もが、「将来こんな社会に住みたい」「子どもたちや孫たちにこういう社会を残したい」という希望をもっているはず。投資というのは、それを実現するために「資」金を「投」じることであって、なんでもかんでも儲かればいいというものではないのです。

ところが、**多くの人が投資と思ってやっているのは、市場でのお金の分捕り合い**にすぎません。麻雀と同じゼロサムのマネーゲームなのです。だから、目先の勝敗に一喜一憂するばかり。たまに勝っても手にしたお金は次の瞬間、別の人のところに移ってしまうから、いつまで経っても豊かになったという実感がもてない。

それで「投資は難しい」というのです。マネーゲームで常に勝とうと思ったら、それは難しいに決まっています。麻雀で卓を囲むたびに一人勝ちなんていうのは、劇画の世界だけの話です。

本当の投資は違います。社会全体が豊かになり、みんながその恩恵を受けることができるのです。なぜそんなことが可能なのか。それは、本当の投資が前提としているのはゼロサムではなく、プラスサムだからです。

投資によって経済が活性化し、そこから新しい価値が生まれ、世の中全体の富が増えていく。こうして経済全体のパイが大きくなれば、参加した人全員がリターンを手にすることができるじゃないですか。

これこそが投資の本質であり、醍醐味《だいごみ》なのです。そして、みんながこの本当の投資に気づき、行動を始めれば、その先にあるのは、そう、明るい未来にほかなりません。

「なくなっては困る企業」を応援するのが本当の投資

いきなり話が抽象的で難しかったかもしれませんね。ここからより具体的にわかりやすい話をしていきますから、安心して読み進めてください。

繰り返しになりますが、投資の究極の目的は「いまよりもいい世の中をつくること」です。では、そうした世の中を実際につくってくれるのは誰でしょうか？

政治家ですか？　それとも官僚でしょうか？

答えは企業です。

われわれの日々の生活を思い出してください。企業が商品・サービスを提供してくれなければ、私たちの生活はたちまち崩壊してしまいますよね。東日本大震災でさまざまな企業の活動がストップし、その重要性をあらためて痛感したという人は決して少なくないはずです。その一方で、企業のほうも生活者の消費がなければ、売上があがらず存続できません。

つまり、**生活者と企業は紙の表と裏の関係**なのです。

したがって、私たち生活者の「こんな生活をしたい」「将来こんな世の中に暮らしたい」という希望の実現も、企業の協力なしにはあり得ません。

もちろん、企業とひと口にいってもさまざまです。なかには、「自分の会社さえ儲かれば、世の中がどうなろうとかまわない」という強欲な企業もあります。しかし大半の企業は、「自分たちはこの事業を通じてこういう社会を実現したい」という何かしらの思いをもって事業展開をしているものです。

さらにその中でも、「この企業の商品、サービス、技術がなくなると本当に困ってしまう。

自分たちの現在の暮らしには、どうしてもこの企業が必要だ」「この企業が目指しているものと、自分が将来なってほしい社会の方向性は同じだ。理想の未来を築くのに、なくてはならない会社だ」と思える企業があるはずです。

もしそうした「なくなっては困る企業」を見つけたら、あなたはどうしますか。

「その企業の商品・サービスを買うことで応援する」

それもとても重要なことですが、もう一つぜひともやってもらいたいことがあります。それは、「不況や暴落相場でその企業の株がたたき売られているときに、断固として買いを入れて応援する」ということです。

「応援したい企業」を守るために、暴落時にこそ株を買う

二〇〇八年九月のリーマンショックでは、日経平均株価は七〇〇〇円台にまで暴落しました。ここまで大規模でなくても、年に二～三回ぐらいは暴落現象というものが起きるものです。

そうしたときには、私たちが応援したいと思っている企業の株も十把ひとからげでたたき売りに遭《あ》い、株価は暴落します。

すると、短期志向の投資家や強欲な企業に株を買い占められてしまう危険性が出てくるのです。それまで社会や生活者のために必死にがんばっていた企業が、短期志向の投資家や強欲企業に利益を搾《しぼ》り取られ、めちゃくちゃにされてしまうことは大いに考えられます。もしそうなったら、自分が望む社会も実現できなくなってしまいます。

ですから、相場が暴落して株が二束三文で売られているときこそ、「真打ちの応援団の出番」という心意気で、むしろ積極的に買いを入れて企業に応援メッセージを届ける。そうすることで、その企業の経営をなんとか守ってあげることが大切なのです。

もちろん、私たち一般生活者が一人で投資できるお金はたかが知れています。でも、そうした生活者が束になって、「この企業の経営を守るのだ」という強い意志と覚悟で立ち向かったらどうなると思いますか？　株価は下支えされ、目先の利益追求にしか興味のない株主の登場を阻止できるのです。そして、その企業は目指すべき将来の実現に向けて、事業を継続していくことができます。

私がいう本当の（株式）投資とは、そういう「応援投資」のことなのです。そこには、儲けようとか、お金を分捕るとかいう考えの入る余地は一ミリもありません。

「のんびり投資」は儲けようとしなくても儲かってしまう

講演などで私はよくこういう話をします。そうすると、たいていの人は私のことをずいぶん変わったことをいう人だという目で見ます。無理もありません。最近は金融のプロでさえも、自分たちの仕事はお金を右から左へ動かして運用成績という数字を大きくすることだと、なんの疑いももたずに信じているくらいですから。

なかには、「理想論はわかった。でも、投資する以上はなんらかの儲けを期待したい」「そんな青臭いことをいっていて本当に儲かるの？」と途中で質問してくる人もいます。

それに対する私の答えはいつもこうです。

「『応援投資』をしていれば、儲けようとしなくても儲かってしまいますよ。だから心配いりません」

えっ、それでは納得できない？　大丈夫です。みなさんにも納得してもらえるように、応援投資の手順をもう少し詳しく説明していきます。

まずは、この先何があってもずっと応援し続けたいと思える企業を一つか二つ見つけることです。ここは慎重かつ徹底的にやります。

見つけ方は、第三章でさわかみファンドのＣＩＯ（最高投資責任者）である草刈が詳しく説明しますので、そちらを読んでください。基本は、日々の生活を通して、この企業がなくなったら困ると本気で思えるかどうかです。

この社会には、絶対になくならない企業があります。それは、人々に必要とされている企業です。この会社の提供する商品やサービスがなくなると毎日の生活に支障が出る、だからなくなると困るんだとみんなが感じているなら、その会社は何があってもつぶれません。

もしつぶれるとしたら、それは人々の生活がなくなるときですが、不況に見舞われようが国家が財政破たんしようが、人々の生活は今日も明日も明後日も、ずっと続いていきます。

そして、生活があるかぎり、その生活を支えている企業には、明確な存在理由があるのです。

東日本大震災を思い出してください。未曽有の大災害に、被災地の人たちはたいへんな被害を被りました。その直後、ズタズタになった彼らの命をつなぎ、生活を支えたのは誰ですか。それは企業です。国は役に立ちませんでした。国に指図されなくても、たくさんの企業が自分たちの判断で、生きていくのに必要な物資を送り届け、現地で被災者と一緒に不眠不休で汗を流して、多くの人を助け、尊い命を救ったのです。

そういう企業は、まさに私たちの生活になくてはならない運命共同体のようなものです。もちろんそこに含まれるのは、生活必需品をつくっている会社だけではありません。たとえば、ベアリングは一般の人の生活には直接関係ありませんが、車の重要なパーツの一つです。車がないと現代人の生活は成り立ちませんから、ベアリングをつくっている企業もまた、運命共同体だといえます。

そういう私たちの日常生活になくてはならない企業を、とことん応援すればいいのです。

長期投資はリズムが大切

そういう企業を見つけても、いきなりその企業の株を買う必要はありません。翌日からしばらくその企業の株価をチェックしてみます。

すると、年に二~三回は株式市場の暴落があるので、そこで初めてその企業の株を買います。あわてて売りに走る短期利益狙いのトレーダーを横目に、「自分たちの現在、そして未来の生活のために必要なこの企業を応援するんだ」という強い思いで買いを入れるのです。あとは株価の上げ下げに一喜一憂することなく、その企業が成長するのをじっくり、のんびり見守る。それだけです。

こうした「**のんびり投資**」**を成功させるための最大のポイントは、「暴落相場のときに、あれこれ考えずにさっと買えるか」**にあります。

のんびり投資にまだ慣れていない人は、「もっと下がるんじゃないか」「底値はもっと先なのではないか」「このまま株価は戻らないのでは？」「最悪つぶれてしまったら株が紙クズになってしまう」などとあれこれ考えて、買いを入れるのを躊躇《ちゅうちょ》してしまうもの。それで結局買わないまま終わるのです。

ですから、あれこれ考えず、「今こそ真打ちの応援団の出番だ」と買いを入れる。なにしろ応援しているのは、私たちの生活や未来になくてはならない企業ですから、めったなことではつぶれません。

また、暴落相場で買っておけば、株価が少し戻っただけでも利益になります。「なくては困る企業」であれば業績も長い目でみれば伸びていきますから、株価もいつかは大きく戻るはず、とのんびりかまえていればいいのです。

仮に買ったあとでその株がさらに下がったとしても、まったく気にする必要はありません。だいたい、自分が買ったからといって株価が急に上がり始めるなんてことは、普通はありません。売りたい人がいるうちは、まだまだ下がります。相場というのはおもしろいもので、下値を想定すると、それ以上に下がるのです。株価などをどんどん下へ呼んでしまうのです。

それでも、永久に売れるものなんて絶対にありませんから、いずれどこかで売りがなくなるときが必ずきます。そうすると、今度は一転して株価は上昇に転じます。

相場に戻りの気配が出てくると、儲けたいだけの相場追いかけ投資家が姿をちょろちょろ見せ始めます。彼らは〝にわか応援団〟。株価がさらに上がり出すと「急げ！　乗り遅れるな！」と一気に買い群がってくるので、株価の上昇ピッチは上がっていきます。

一方、暴落時に安値で買っている長期のんびり投資家の保有株には、すでに利益がたっぷり乗っていますから、相場がどう動こうが焦る必要は全然ありません。にやりと笑ってあとはどっしりかまえていればいいのです。

人気が高まって株価が上がっているということは、自分以外にも応援者がたくさんいるということです。そんなときには応援を彼らに任せて、少しずつ、少しずつ売り上がってこれまでの投資収益を確保し、次の暴落相場に備えます。

株価高騰時にどんどん買い群がってくるのは、しょせん儲けることしか頭にない〝にわか応援団〟です。株価がひとたび下げに転じれば、一目散に逃げ出します。それでまた暴落相

■「のんびり投資」の流れ

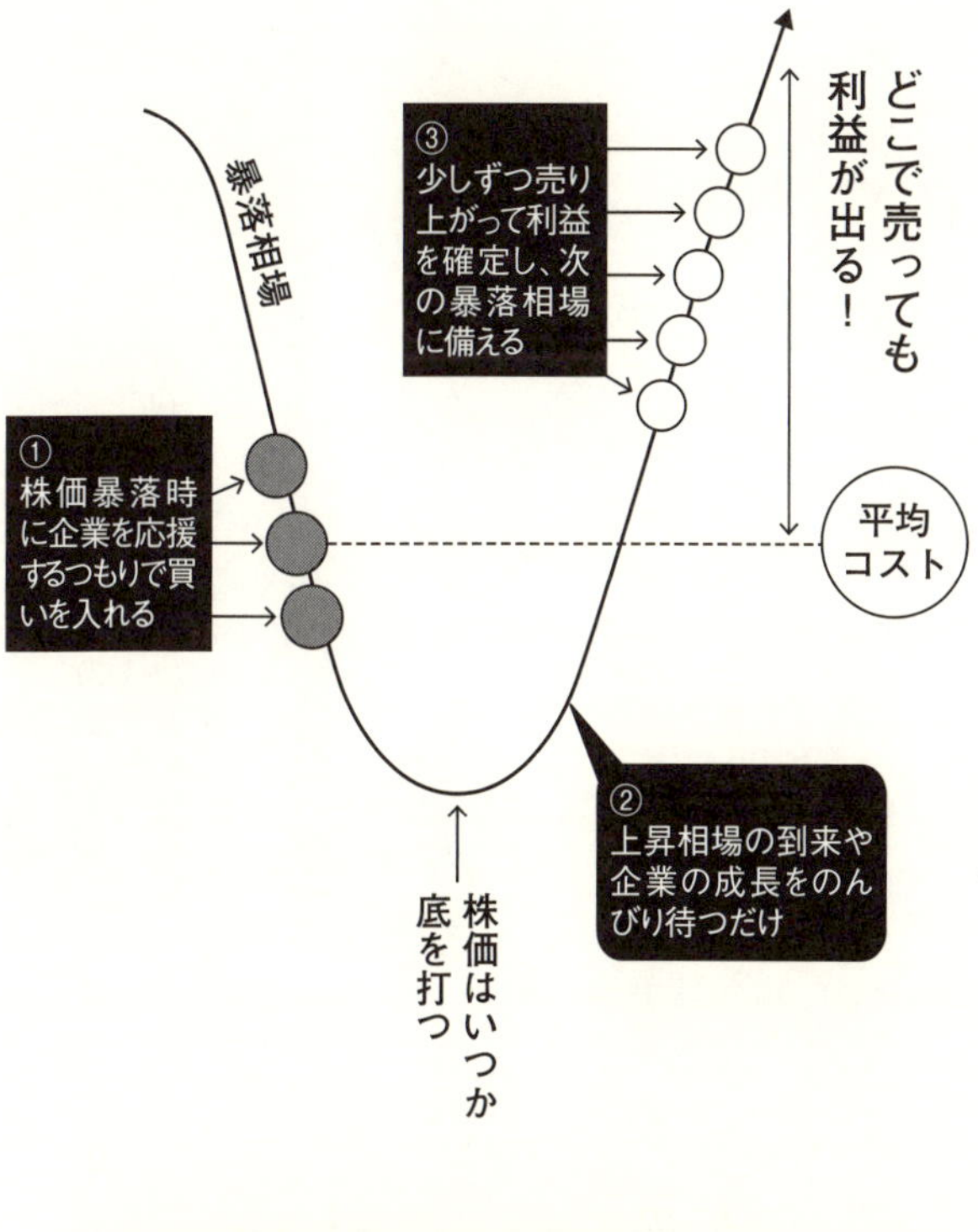

①→②→③を淡々と繰り返すだけで
資産は雪だるま式に増えていく！

場が来たら、「仕方がない。また真打ち応援団の出番だ」と安くなった株を再び買い増す。この一連の流れを淡々とやっていくというのが長期投資のリズムです。そして、このリズムを守ってさえいれば、資産は自然と増えていくのです。

さわかみファンドが証明する長期投資の威力

「そんなにうまくいくはずがない。何かもっと秘訣があるはずだ」

そう疑う人もいるかもしれませんが、さわかみファンドがやっていることも、これとまったく同じです。

たとえばアベノミクスで株価は大きく上昇しました。新聞やニュースで日経平均株価が上がってきているのをみて、「早く買わないと乗り遅れる」とあわてて投資を始めた（あるいは再開した）人はけっこういるのではないでしょうか。

一方、われわれはそのずっと前から、具体的にはリーマンショックからの暴落と長期低迷相場のあいだ、「いまこそ応援投資家、長期投資家の出番だ」と腹を固めてずっと買ってきました。「この企業はなんとしても応援しないといけない」と思う企業の株を、ありったけの資金を投入して応援買いをしてきたのです。

ですから、アベノミクスが始まってからは、あわてて市場に飛び込んでくるエセ投資家たちの大慌てぶりを眺めながら、たっぷりと投資収益を確保することができました。

さわかみファンドの設立は一九九九年八月です。そのときから今日にいたるまでのほとんどの期間、日本経済はシリ貧とデフレで苦しんできました。株式市場もこの間は、二〇〇三年四月と二〇〇九年三月の二度、八二年の水準まで下落する大暴落に見舞われるなど、かなり変化が激しかったといえます。

そんななか、さわかみファンドの成績はというと、設定来の年率が複利で五・〇%（二〇一五年十一月末現在）です。預貯金の年〇・〇二%や十年物国債の年〇・三%と比べてもらえれば、その差は一目瞭然です。

基準価額も二万二〇〇〇円台（二〇一五年十一月末）と、この十六年間で二倍を優に超え、日経平均株価などのインデックスと比べても一一〇%も上まわっています。

私自身はまだまだ満足はしていませんが、長期投資の威力を証明するには十分な成績ではないでしょうか。

では、どうやってこの成績をたたき出したのか。難しいことは何もやっていません。応援すべき企業の株式を、安いときにたっぷり買い込んで、高くなったら薄く薄く売り上がるということを愚直に続けてきただけです。秘訣というほどのことではないでしょう。

それなのに、なぜみんなやらないのかといったら、それは本当の投資が応援投資だということを知らず、トレーディングのことを投資だと思い込んでいるからです。

この本を読んで、なるほどと気づいて長期投資を始めた人はラッキーだというわけです。

なぜ、プロの投資家は長期投資をやらないのか？

「いや、そんなはずはない。もし長期投資なら確実に資産が増やせるというのが本当なら、右にならえでみんな長期投資をやっているはずだ。ところが実際は、機関投資家や他の運用会社は、経済や相場の動向、企業業績などを常にチェックし、金融工学まで駆使して、それでも利益を上げるのに四苦八苦しているではないか」

私のいっていることがあまりにシンプルなので、こういう疑問をもつ人がいるかもしれません。

これに対する私の答えはこうです。

ほとんどの**機関投資家がやっているのは、「資産」運用ではなく「資金」運用。だから彼らは長期投資をやりたくても、やらせてもらえない**のです。

「資金」運用で求められるのは、短期的な成果です。「この企業がいまやっている研究開発は十年後の社会に不可欠です。なので、まだ人気はないし利益も出ませんが、応援買いしておきます」などと顧客に説明しようものなら、その機関投資家はすぐに契約を切られてしまうでしょう。

彼らにとっては一年一年、下手をすると四半期ごとの結果がすべて。それゆえ目先の株価を必死に追いかけて小さな売却益を積み重ね、顧客を納得させる運用成績を上げることしか頭にないのです。だからどうしても相場を追いかける短期投資（私は「マネー転がし」と呼んでいます）になってしまう。

なかには、長期投資のほうが確実だとわかっている人もいるかもしれません。でも、頭ではわかっていても、十年先の世の中をイメージして投資するような余裕が、彼らにはないのです。また、最近の若手の運用担当者だと、最初から短期間で儲けるのが投資なのだと思い込んでしまっている人も少なくありません。

利ざや狙いの短期投資というマネーゲームに機関投資家たちが興じるようになったのは、巨大な年金マネーが市場に入ってきた七〇年代後半以降のこと。私がこの世界に入った**七〇年代前半は、投資といえば実体経済に即した長期投資のことだった**のです。

いまゴールドマン・サックスやモルガン・スタンレーというと、やれデリバティブ（金融派生商品）だ、やれオプション取引だと、金融工学を駆使してつくった、実体経済の裏付けのないペラペラの金融商品を売りまくって世界経済を混乱させるだけ混乱させた張本人、というイメージがあると思います。

しかし、そのころはまだ従業員数が百人規模の投資銀行でした。彼らは世界の潮流を優秀な頭脳で読みながら、一方で、潜在能力を秘めたまま、まだ世に出ていない、それこそ海のものとも山のものともわからない企業を発掘、分析していました。そして、これはいけそうだと判断したら、自らリスクをとってドカンとお金を入れる。そして、その会社が目論みどおり成長し富を生み出すと、自分たちも大きなリターンを手にするという、非常にまっとうな投資銀行業務を行っていたのです。

当時、私の目には、それが実にカッコよく映りました。

まだ誰もその価値に気づいていないダイヤモンドの原石のような企業や投資のタネを見出す能力。自分たちの判断を信じリスクを恐れない勇気。そして、そこから新たな富が社会にもたらされる。そう、投資運用というのは本来カッコいいものなのです。

それに比べて、リスクが怖くてたまらず、いつでも逃げ出せるよう始終相場の動きにばかり目を配っている。そして、小さな利ざやを積み上げることにばかり熱心で、最終的になんの価値も生み出さない資金運用の、いったいどこに魅力があるのでしょう。

「相場追いかけ型」の投資は疲れるだけ

話が横道に逸《そ》れてしまいましたが、プロの運用担当者たちはあくまでもお客さんのニーズに応えるのが仕事です。したがって、お客さんが超短期志向になっている以上、短期投資に走ってしまうというのはやむを得ないことなのかもしれません（もっと長期投資が普及すれば、こうした昨今の超短期志向を是正できると私は本気で思っていますが、このことについては第二章の最後のほうであらためて述べたいと思います）。

しかし私が不思議でならないのは、**日本ではべつに短期で成果を出さなくてもいい普通の個人投資家までが超短期志向になって、株価や景気の動向をやたらと気にしている**ことです。株価の動きをパソコンやスマートフォンでこまめにチェックするのはもちろん、人によっては為替レートやニューヨークや上海の市場の動向まで気にしているのです。

そして、株価が上がる兆しがあればあわてて買い、少しでも上がるとすぐ売って収益を確定したがる。逆に下がったときにも、すぐに売って損失を最小限に食い止めようとする。そんなふうに、値動きに合わせて買っては売り、買っては売りを繰り返す「相場追いかけ型」の人が、日本では大半ではないでしょうか。

そういうやり方をべつに否定はしませんが、そうとう疲れますよね。それでも成果が出ていればいいですが、実際にはどうでしょう？　骨折り損のくたびれもうけ、という人がほとんどではないでしょうか。

さまざまなテクニックを駆使して相場の動きを予測し、上がると思えばガンガン買いを入れ、下がるとみればいち早く売り逃げる。またあるときは売り仕掛けで儲けようとする――。そんなマネー転がしのプロと一緒になって相場を追いかけるようなことをしたら、たちまちアリ地獄に落ちるのは、それこそ火を見るより明らかです。

それに、実は金融のプロだからといって、思うように収益を上げられるわけではないのです。

彼らはとにかく短期で儲けたくてたまらないから、四六時中、それこそ血眼になって相場を追いかけています。しかし、株価がどう動くなんてことは、いくら最新のファイナンシャル理論を使って分析をしたところで、神様以外にはわかりっこないのです。結局、プロといってもやっていることは、周りの顔色をうかがいながら、いつ張るかやいつ下りるかを決めているだけなのです。

投資は「のんびりやる」にかぎる

こうした「相場追いかけ型」の投資はプロが仕事としてやるならまだいいかもしれませんが、われわれ一般生活者が仕事が終わったあとや休日にやるのは、はっきりいって大変すぎます。しかもたいして儲けも出ないというのですから、何をか言わんやです。

一方、長期投資は本当にマイペースで、のんびりしています。それでいて、トレーダーのように始終目を血走らせていなくても、確実に資産を増やせるのです。

なぜなら、**のんびり投資を行う長期投資家は、相場ではなく企業をみて投資をしているか**らです。値上がりしそうだとか、儲かりそうだとか、そんな理由で株式を買うのではありません。あくまでも生活者の目線で、なくなったら困る企業の株式を買うのです。そして、買

■「相場追いかけ型投資」と「のんびり投資」の比較

相場追いかけ型投資	のんびり投資（長期投資）
投資というよりも マネーゲーム	個人も社会も豊かにする 本物の投資
プロの投資家が みんな必死になって やっている	プロの投資家は やりたくてもできない （顧客がやらせてくれない）
暴落相場はピンチ。 一目散に売り抜ける	暴落相場はチャンス。 思いっきり買いを入れる
上昇相場は買い時	上昇相場は売り時
企業ではなく数字をみる	数字ではなく企業をみる
投資の専門知識が重要	投資の専門知識は不要
生活者の目線がいきない	生活者の目線をいかせる
疲れる （相場の動きを常にチェックしておかないといけない）	疲れない （企業の成長と上昇相場の到来をのんびり待つだけ）
儲けたくて仕方がないが ほとんど儲からない	儲けようとしなくても 儲かってしまう

ったらそう簡単に売りません。株主としてとことん応援し続けます。

生活者としてなくなったら困ると感じるというのは、普通の人が日々の生活で、その企業の提供する商品やサービスに掛け値なしの価値を認め、喜んで売上に貢献しているということです。

しかも、インフレに見舞われようが金融機関が破たんしようが、人々の生活は続きます。つまり、何があっても最後まで残るのはそういう企業なのです。株式というのは発行元の企業が倒産すれば紙くずになってしまいますが、そんな心配とも無縁というわけです。

だから、相場が暴落して株価が下がってもうろたえることはありません。むしろバーゲンセールが始まったと思って、笑顔で買い増します。それが企業にとっては心強い応援になるのです。

逆に、上昇相場で短期の利益を上げようとするトレーダーたちの買いが集まり株価が上昇したら、ひとまず応援は彼らにわか応援団に任せて、自分は薄く売り上がって利益を確保していく。そして、次の暴落時には、その利益でまた応援買いをするのです。

このように、のんびり投資の基本は、安いときに買って高くなったら売るというのを繰り返すだけですから、金融工学など知らなくたって、誰にでもできます。
逆に、**プロはのんびり投資をやりたくてもお客さんが許さないからできません。このアドバンテージを一般生活者がいかさない手はない**のです。

ただし、「売りたいけどもっと上がるんじゃないか」「下がっているけどまだ下値があるかもしれない」と欲を出し始めたら、その途端にその人は、長期投資家からトレーダーになって、相場に振り回されることになります。

繰り返しますが、あそこが株価の天井だった、底値だったとわかるのは、あとから振り返ったときだけで、あらかじめそれがわかる人は、誰一人いないのです。だから、もっと上がったら売ろう、下がったら買おうなどという意識はもたないこと。そんなことをしている間に相場が動いて、売り時や買い時を逃してしまったら目も当てられません。

だから、最高値で売って最安値で買うなんて考えは、最初から頭から排除してしまうのです。相場とはいつも付かず離れずで、ほどほどの距離を保っておいて、決して追いかけてはいけません。

のんびり投資で大事なのは、何があっても応援する企業を決めて投資をすること。あとはその企業の株式を、安いときに買って高くなったら薄く売り上がるというのを続けていれば、自然に資産は増えていきます。難しいことは何もありません。

投資の勉強や指標チェックはしなくていい

決算数字、株価の動き、景況感、相場のトレンド……。

投資を始めるには、そういった専門的なことを山ほど勉強しなければならない。だから投資は難しくて面倒だ——。無意識のうちにそう思い込んでいませんか。

たしかに本屋にはその手の投資指南書や、マネー誌の類がたくさん並んでいます。そういうものを目にすると、知識や情報もなしに手を出したらとんでもないことになるに違いないと考えてしまいがちです。

でも、安心してください、専門知識などなくてものんびり投資はできます。それどころか、**余計な勉強は百害あって一利なし**なのです。

投資の勉強というのは要するに、どの会社の株が割安かとか、この先相場がどう変化するかとか、そういうことがわかれば儲けられると思っているからやるのでしょう。

頭がマネーゲームになってしまっているのです。これでは最初に書いたように、マーケットでの分捕り合いというゼロサム・ゲームにはまって消耗するだけ。大きな果実を手にするという投資の醍醐味を味わうことなど夢のまた夢です。

ここまで何度も述べてきたように、本来の投資というのはトレーディングやギャンブルのように、目先の株価の上げ下げをみて、いくら儲かった、損をしたと一喜一憂するものではありません。社会全体を豊かにして、自分も富を増やす。そういう未来の実現のためにお金を投じるのが投資なのです。

だから、投資に必要なのは、にわか勉強の株式や金融の知識よりも、五年後、十年後、こんな社会でこのような暮らしがしたいと思い描く想像力と、なんとしてもそれを現実のものにするという強い意志だといえます。

なにがなんでもこの会社を応援したい。この会社がなくなったら困る——。

心からそう思えることが、投資ではいちばん大事なことであって、それ以外の勉強はやるだけ無駄です。

そう思える企業を見極めるために勉強するのだという人もいるかもしれませんが、はっきりいってそんな必要もありません。

私たちは誰もが毎日の生活の中で、企業が提供する商品やサービスを使って、そのたびに「これ肌触りがいいな」とか「色のセンスがイマイチなんだよね」とか、いろいろな感情を抱くじゃないですか。これこそが最も信頼できる企業リサーチなのです。

同じ商品でも性能や品質が劣化すると、必ずそれは消費者に伝わって、売上が下がります。つまり、生活者が実はいちばん早く、正確に企業の情報を手に入れているのです。

預貯金では老後資金づくりができない

「でも、のんびり投資といったって損をするリスクはあるわけでしょ。だったら絶対損をしない預貯金のほうがいい」

「お金が必ず増えるならいいけど、減るのは絶対にイヤ。だから投資はしない」

世の中にはそういう人もたくさんいるようです。たしかに株式相場を例にとってみれば、国際情勢や国内の景気動向などで上がったり下がったりしますから、一〇万円で買った会社の株が気がついたら一五万円になっていることもあれば、逆に五万円に下がっていることだってあります。

では、投資に背を向けて、お金を銀行や郵便局に預けておけばいいのでしょうか。

そんなことはありません。いえ、もっとはっきり言いましょう。それは間違いです。

理由は大きく二つあります。

①預貯金では老後資金づくりができない（あるいは財産を食いつぶしてしまう）

②預貯金は実はリスクがそうとう高い

順番に説明していきましょう（本当はもう一つ、「預貯金は無責任である」という理由があるのですが、それについては第二章のほうで書きます）。

高度経済成長のころなら、郵便局の定額貯金の金利が半年複利で六～七％もあったので、預けっぱなしでも十年で二倍くらいになりましたから、資産形成の柱に預貯金という選択も悪くなかったといえます。

けれども、いまは銀行に定期預金をしても金利はわずか〇・〇二%。一〇〇万円を一年間預けておいても利息は二〇〇円と、振込手数料より小さいのです。

一方で、まじめに働いていさえすれば給料が右肩上がりに上がっていくような時代ではもはやありません。また、高齢者比率が急速に高まっていく今後、老後の収入の柱となる年金の受取額も、減ることはあっても増えることはまず期待できないでしょう。そう、税金や社会保険料は上がっていく一方と考えておくべきです。

「まじめに一生懸命仕事をして、お金を郵便局や銀行に預けておけば一生安泰」

そういう時代はもうとっくに過ぎ去ったと、はっきり認識しなければなりません。老後の資産形成など考えなくても、国や会社がすべて面倒をみてくれたこれまでの時代が恵まれすぎていたのです。日本はとっくの昔に成長経済から成熟経済へと転換しました。

資産形成の考え方も当然切り換えなくてはいけないのです。

「自分のお金にも働いてもらう」ことが不可欠

では、国も会社も頼りにできないならば、どうしていけばいいのか。

「これからは自分もがんばって働くが、自分のお金にも働いてもらう」

これが正解です。

人間がちゃんと立っていられるのは、右足と左足のバランスがとれているからです。ひたすら一生懸命働いて、稼いだお金には何もさせないというのは、右足一本でからだを支えようとしているようなもので、これではいくらがんばっても安定しません。自分が働くと同時に、長期投資で左足のお金にもしっかり働いてもらう。それでようやくしっかり立つことができます。**自分とお金の働きとが二人三脚で老後の備えをするのが、成熟経済を生き抜く方法**なのです。

ましてやこれからは長寿社会。会社で働けなくなってから人生が何十年も続く可能性があるのです。そのとき、自分はもはや働けない、社会保障も十分ではないとなったらどうしますか。そう、お金に働いてもらうしかないのです。

しかし、その年になっていきなり始めても時すでに遅し、です。であれば、とにかく早く始めたほうがいい。そうすれば「時間」という最大のアドバンテージを活用して、老後の資産形成ができるのです（「時間」のパワーについては五六ページで解説します）。

急に投資といわれても、そんなお金はないですって？

それは考え方をちょっと変えればいいのです。これまで何も考えずに郵便局や銀行に預けていたお金を、これからは長期投資にまわしてください。

実は、みんながそういうふうに頭を切り替えれば、日本経済は底力があるので、それだけで景気はあっという間によくなります。いまよりも豊かな生活をしたい。将来の不安をなくしたい。本当にそう思うなら、個人でお金を貯めこむのではなく、積極的に長期投資をしてどんどんお金を循環させるのが、最も確実な手段なのです。

株価は長期的には上がり続ける

世界の株価は平均すると、過去百年超で年率にすると一〇%ちょっとで上昇しています。この間には戦争、天災、通貨危機、政情不安などさまざまなことがあり、株式市場は何度も大暴落に見舞われました。それでも均《なら》せば一割強の伸びを示しているのです。

そして、同じ百年超の間、世界経済も四%強の成長を遂げています。

この背景にあるのは地球規模の人口の増加と、世界中の人々がより豊かな生活を求め続けてきたという事実です。

人々が望む豊かな生活を支えるのは、企業活動にほかなりません。しかも、その人々の生活は、ハイパーインフレが起ころうが、国の財政が破たんしようが、絶対になくならない。それは、企業活動も未来永劫続くということを意味します。

もちろん、これから先のことは誰にもわかりません。でも、地球の人口は相変わらず増え続けるのは間違いなく、二〇五〇年には現在の七二億人が九六億人になると予測されています。しかも、増加分の二四億人のうち一四億人は新興国です。それらの国の人々が目指すのはもちろん、いまの先進国並みの生活レベル。それを考えると世界経済が成長を止める、あるいは後退するなどということは、とうてい考えられません。

もちろん、景気には波があります。株価も常に一本調子で上昇していくわけではなく、ときには暴落することだってあります。でも長期でみれば上がっていく可能性がきわめて高い。だからこそ、**長期投資がいちばん安全で確実**なのです。

資産形成のカギは「複利効果」をいかすこと

いきなりですが、「複利」と「単利」の違いがわかりますか。

お金を銀行に預けるとわずかながらも毎年利息がつきますが、その利息を引き出したりはしません。したがって翌年は、元本と利息を合わせた金額に対して利息がつきます。これを「複利」といいます。一方、元本だけにずっと利息がついていくのが「単利」です。

実は、この「複利」の効果をいかすことこそが、財産形成の大きなカギなのです。小さな

■「複利効果」のパワー

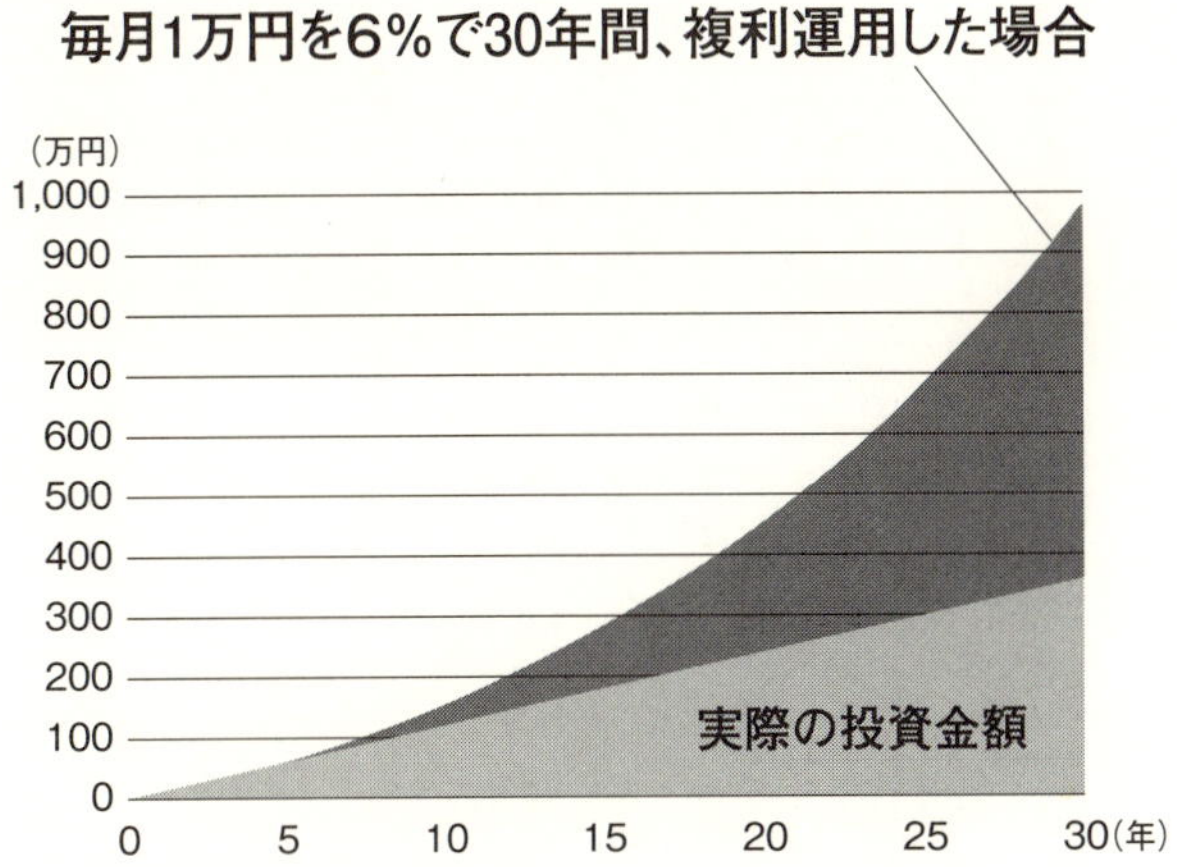

30年後の資産額=約1,000万円

実際の投資金額=360万円(=1万円×12カ月×30年間)

↓

約3倍に増える!

資産運用で最も大事なことは、
なるべく早く始めて
「時間を味方につける」こと。

雪玉を転がしていると、いつの間にか大きな雪だるまになっているイメージといえばいいでしょうか。

「複利で元本を二倍にするにはおおよそ何年かかるか」を知るための計算式があります。

「金利（％）×年数（年）≒72」

これは、一般には**「七二の法則」**と呼ばれているものです。この式に当てはめてみると、金利が年七％なら、なんと約十年で二倍になってしまうのです。ちなみに金利年三％なら二十四年、同五％なら十四年です。

この複利と時間という二つの武器を最大限利用できるのが長期投資なのです。

たとえば、一〇〇万円を年一〇％の複利で回し続けたとしましょう。すると三十年後には、いくらになると思いますか。約一七〇〇万円にもなります。一方、銀行の普通預金金利並みの年〇・〇二％の一年複利では、三十年たってもたったの一〇〇万六〇一七円にしかなりません。

余談ですが、最近は学生のうちから投資教育や金銭教育をするべきだという意見をよく耳にするようになりました。私もそのとおりだと思います。ただし、小学生のうちからトレーダーの真似事を体験させるようなことは必要ないでしょう。それよりも、こういった複利計算などをきちんとできるようにしたほうがいいと思います。

現在の預貯金金利の年〇・〇二%だと、一〇〇万円の元金を二倍にするのになんと三千六百年もかかってしまうのです。こういう計算がすぐにできれば、バカらしくて使わない資金を郵便局や銀行に置いておこうなどと考える人はいなくなるはずです。

預貯金は本当はリスクが非常に高い

日本では個人や家計の金融資産は約五〇%が預貯金で、株式・債券・投資信託などの証券投資が一〇%台です。また、この比率はここ数十年ほとんど変わっていません。バブル時には一時的に証券投資の比率が二〇%近くにまで跳ね上がりましたが、これは株式などの時価評価が高まったからです。

これに対しアメリカでは、預金が一〇％台、証券投資が約五〇％と、ちょうど逆になっています。日本人は、資産はそれほど増えなくてもいいから、とにかく元本だけは減らしたくないという意識が強いのでしょう。

でも、日本人が信じているように、預貯金は本当にリスクのない安全な資産といえるのか、検証してみましょう。

まず銀行預金。預金で集めた巨額の資金を、企業に融資したり、個人向け住宅ローンを組んだり、株や債券を買ったりして、運用益を上げるというのが、銀行のビジネスモデルです。

そして、近年は、自己資本比率の締め付けが厳しくなっていることもあって、株式投資のポジションが下がってきています。

安全な資金の運用をするのであれば、本来なら小口の融資をたくさんすればいいのです。しかし、実際は逆で、融資先は大企業を優先しようとします。それも、できるだけ大口の融資で。その一方、中小企業は相手にすらしてもらえません。

経済が発展状態にあるときなら、企業はものをつくれば売れたので、中小企業であっても業績さえ良ければ、それほど苦労せずに銀行から融資を受けることができました。

ところが、現在のような成熟経済になると、生き残れる企業とそうでない企業とがはっきり分かれます。とくに、相手が中小零細企業の場合は、その見極めが難しく、貸し倒れリスクも当然高くなります。だから、安全な融資先となると、どうしても大企業一辺倒になりがちなのです。

ところが、大企業はそう簡単につぶれないかもしれませんが、一方で彼らは銀行借入以外にも複数の資金調達手段をもっているので、かなりいい条件でないとわざわざ銀行からお金を借りる必要はありません。つまり、大企業に融資する際は、相手に足もとをみられて貸出金利をかなり低くせざるを得ないのです。

中小企業への融資はリスクが高い。大企業なら安心だが利幅が小さい。そこで、資金の運用先として、日本国債が浮上してきます。たとえ長期国債の運用利回りが年〇・三％であっても、年〇・〇二％の金利で集めた預金をまわせば、年〇・二八％の利ざやが確実に稼げるからです。

それで銀行は日本国債の保有を増やし、いまやその額は総額で約一四〇兆円にまで達しています。

それから郵便貯金。預かったお金の一部は政府系機関に融資しているものの、やはり運用先の大半は日本国債の購入に充てられています。

このように銀行もゆうちょも日本国債をお腹いっぱいに貯めこんでいるのです。そして、**債券バブルの崩壊はもう目の前**に迫っています。

いったん日本国債の暴落が始まったら、もう誰にも止めることはできません。拡大する評価損に耐えられず、各金融機関がいっせいに保有国債の投げ売りに走るでしょう。そうなったとき頼みの綱は日銀です。大量買いでなんとか国債の売りを吸収しようとします（日銀はすでに、「異次元緩和」という名のもと、銀行やゆうちょから国債を大量に買い取っています）。

しかし、市場に出まわっている国債の額を考えたら、いくら日銀ががんばっても、しょせん焼け石に水です。結局、暴落は止められず、誰も買わなくなった日本国債の価格は奈落の底に落ち、損失に耐えられなくなった金融機関の経営破たんが続くことになるのでしょう。

現時点では、そんなこと起こるはずがないと誰もが思っています。しかし、国債が暴落を始めたら一気に現実問題となるのは避けられません。

■預貯金を絶対におすすめしない理由

超低金利	——	年0.02%の金利では、老後の資産形成はできない。
インフレ	——	日銀が大量にお金を刷っており、今後インフレになる可能性は大いにある。 仮に物価が2倍になれば、預貯金の価値は半減。
国債暴落	——	国債バブルが崩壊する可能性も大いにある。 そうなれば、国債を大量保有する金融機関は巨額の評価損を抱え込むことに。金融不安が発生し、預金の引き出し制限が発動される恐れも。
銀行破綻	——	預金保険機構は2.3兆円しかもっていない。 「ペイオフがあるから銀行がつぶれても安心」と思っていたら大間違い。
景気低迷	——	預貯金にお金が眠ったままになっていると、経済の現場にお金がまわらず、景気も良くならない。

さらに、日銀は国債を毎年八〇兆円ずつ買い入れるため、日銀券をものすごい勢いで刷っています。そして八〇兆円もの資金を市中に供給し続けているのです。このままいくと、どこかで日本経済はとんでもないインフレに見舞われる可能性が大です。その場合、預貯金の価値が大きく目減りするのはいうまでもありません。

あるいは、アベノミクスが成功せず、スタグフレーションに陥ることもあり得ます。景気はちっとも良くならないのに、物価と金利だけが急上昇する現象です。そうなると、預貯金の価値が下がるは生活は苦しくなるはで、社会は大混乱します。

このように、いまの日本経済の状態を冷静に分析すれば、お金を郵便局や銀行に預けるのは、安全どころか非常にリスクの高い選択だと言わざるを得ないのです。

「ペイオフがあるから安全」と思ったら大間違い

「万が一お金を預けている銀行が経営破たんしても、ペイオフで預金は一〇〇〇万円まで保証されるのだから、そう考えると預貯金は、やっぱり安全性が高いっていえるんじゃないの」

きっと多くの人はそう思っているのだと思います。

たしかに、二〇〇五年四月にペイオフが本格的に解禁されてからは、銀行等の金融機関が破たんした場合、そこに預けてある普通預金や定期預金のうち元本一〇〇〇万円までは、預金者に直接支払われる（ペイオフ方式）ことが、預金保険制度によって決まっています。

では、質問です。預金者に支払うお金は、いったいどこから出てくるのでしょう。

国庫から？　いいえ違います。正解は預金保険機構からです。

日本人の個人資産は一七一七兆円で、そのうち預貯金は八三四兆円です（日銀速報、二〇一五年六月末現在）。

ということは、もし日本国債が暴落して金融機関の倒産が相次ぎ、預貯金の一〇分の一がペイオフの対象となったとしたら、預金保険機構は積み立てた資金から八三・四兆円を吐き出さなければならないということになります。

それでは、**預金保険機構には現在どれくらいの資金がプールされていると思いますか。**

これがわずか二・三兆円なのです（二〇一五年三月末）。これでは国債が暴落したら、個人

の預金などまったく救えません。郵便貯金も完全民営化の方向にあり、やはり当てにできなくなります。

つまり、預貯金が安全というのはまったくの思い込み、神話でしかないのです。元本が保証されるからと、ろくに利息もつかないのに文句もいわず預けておいたら、挙句の果てに預け先の金融機関が破たんして、虎の子の預貯金も消えてしまった。これでは泣いても泣ききれないでしょう。

だから、長期投資なのです。

どうしてかって？　国債が暴落しようが、ハイパーインフレに見舞われようが、人々の日々の営みが途切れることはありません。生きているかぎり生活は今日も、明日も、明後日もずっと続いていきます。それゆえ、その生活になくてはならないモノやサービスを提供してくれている企業もまた、需要が途切れないので絶対につぶれないのです。

そう考えると**郵便局や銀行にただお金を置いておくよりも、こういう企業の株式を買っておいたほうが、安全度は格段に高い**といえます。

もちろん、国債が暴落すれば、株価も一時的には下がるでしょう。でも、しばらくすれば、多くの人が自分の資産を預貯金や債券から株式へ移し始めるはずです。そうすれば、株価はたちまち上昇に転じます。

預貯金よりも長期の株式投資のほうが安全で頼りになる財産だということを、イヤでも目の当たりにするときが遠からず訪れるでしょう。いまならまだ間に合います。

分散投資や債券投資なら安全?

私が、いちばん安全なのは長期投資という話をすると、「いやいや、投資先が株式だけでは危険すぎます。すべての卵を一つのバスケットに入れてはいけない、これは資産運用の常識ですよ」と反論する人が必ずいます。とくにファイナンシャルプランナーという肩書の人に多いようです。

そして、そういう人がふた言めに口にするのが分散投資。株式は値動きが激しいので、値下がりリスクの小さい債券にも資産の何割かを投資すべき、というのが彼らの主張です。

分散投資も債券投資も私は否定しません。やりたい人はやればいいいと思います。ただし、

向こう十年以内に、債券投資は安全なんて誰も言わなくなるでしょうけどね。

債券とは国や特殊法人、地方自治体、会社などが資金調達のために発行する有価証券のことで、そのうち国が発行するのが国債です。株式と違って発行体が返済を保証してくれるので、安全だというわけです。

その債券の価格は八三年から三十二年間、ずっと安定的に上昇を続けてきました。理由は、先進国の年金がどんどん積み上がり、その運用先にということで年金という巨額資金が債券市場に次から次へと流れ込んできたからです。同時に、年金マネーは株価も押し上げたので、この三十数年にかぎっていえば、分散投資はその効果を思う存分発揮してきたといえます。

ただし、運用成績を比較すれば、分散投資よりも株式投資に資産を集中させたほうが、明らかに上でしたが、ここではそれは横へおいておきましょう。

さて、債券は本当に安全な金融商品なのでしょうか。

実は、七〇年代半ばから八三年まではというと、世界的に高金利が続き、あらゆる債券はたたき売られてボロボロだったのです。でも、そのことを肌で知っている人は、現在の債券運用の世界には、もうほとんど残っていません。

そして、**いま分散投資を唱えている人たちは、バラ色の三十年しか知らず、彼らが勉強している教科書も八三年以降に書かれたものばかりなので、債券は安心だとすっかり信じ込んでしまっているのです。**

債券の問題は二つあります。

一つは価格の動きが近年は株式と正の相関関係になってしまっているという点です。二〇〇七年八月のサブプライムローン問題や、二〇〇八年九月のリーマンショックで株式市場が暴落したときには、債券もまた大きく値を下げたのをみてもわかるように、株式と債券で資産を分散しても、あまり意味がないのです。

ちなみに、その後リスク回避の資金が流れ込んで、債券は再び高値圏に戻しましたが、運用成績はというと、やはり株式のほうがずっと上なのです。

もう一つの問題は、債券は近い将来値崩れが避けられないという点です。

いま、**債券は先進国の国債を中心に、完全にバブル状態にあります。**〇八年九月に、リーマン・ブラザーズの経営破たんをきっかけに信用不安が広がり、世界同時株安が起こりました。このとき、このままでは金融恐慌が起きかねないと、アメリカ、EU、イギリス、日本など主だった先進諸国の中央銀行がとった政策が金融の量的緩和でした。無条件・無制限に国債や住宅債権などを買い取る資金のばらまきです。

それでは、そこでばらまかれた資金はどうなったのかというと、この先も何が起こるかわからないから、とりあえずリスクの小さいところに避難させておこうと、アメリカ、ドイツ、日本などの国債市場に流れ込んだのです。

大量に供給された資金の大半が国債に向かった結果、先進国を中心に国債の流通利回りが一部でマイナス金利となるほど国債は買い上げられ、今日にいたっています。まさに国債バブルというわけです。ちなみに、この原稿を書いている二〇一五年十一月末現在、アメリカの十年物国債の流通利回りは年二・二%台、同じく日本は年〇・三%前半となっています。

このように、流通利回りが極端に低いというのは、裏を返せば国債価格がとんでもない高値を付けているということなのです。

それでも、さらに価格が上がり続けてくれるのならまだいいですが、その可能性はありません。なぜかというと、債券の最大の買い手である年金が、ここ五年の間に積立額より給付金のほうが多くなり、先進国どこの年金も軒並みキャッシュアウト状態になってきているからです。

「債券バブル崩壊」の引き金となるのは何か？

このような状況にあることを考えると、債券の暴落リスクはきわめて高く、すでに臨界点は近いと言わざるを得ません。

引き金は二つ考えられます。

一つは景気回復による金利上昇です。そうなったら投資家はいま保有している流通利回りの低い債券を売って、他の高金利の金融商品にさっさと資金をシフトするでしょう。そうすれば、あっという間に債券市場は値崩れを起こします。

もう一つは、大量にばらまかれた資金によって引き起こされるマネタリーインフレ。あり余る資金が、より期待利回りの高い投資対象を求めて暴れまわる現象です。この場合も金利が押し上げられるので、流通利回りの低い債券はやはりたたき売りされます。

このようにみてくると、**いまの超低金利・ゼロ金利の時代に、債券投資は決してすすめられるものではない**のです。

分散投資をするなら、現時点で資産をいくつかの投資先に分ける現在分散ではなく、応援する会社を決めたら、暴落相場ではまとまった資金を投入して株式を買い増し、相場が高騰しているときは薄く売って一部を現金化する時間分散を行うべきでしょう。

投資信託が預貯金より安全な理由

個別株ではなく、投資信託に運用を託すという方法もあります。

投資信託はもともと長期投資でもって財産づくりのお手伝いをするのを目的とした金融商品です。個人では買うのが難しい値嵩株にも、投資信託を通じてなら資金を投じることができるといったメリットがあるので、気軽に長期投資を始めてみたいという人は、ぜひ検討してみてください。

ただし、投資信託とひと口にいっても、その数は五〇〇〇本以上もあり、タイプもいろいろです。基本的には、運用会社の理念や運営方針に共感できるものを選ぶといいでしょう。投資信託は預金保険制度の対象ではありません。つまり、信託銀行や運用会社や販売会社が経営破たんしても、ペイオフが発動されないのです。

運用を任せているのに自分の資産が保証されないときくと、気軽に手を出すにはリスクが大きくて心配だと感じる人も多いかと思います。

でも、そんな心配は無用です。お金を預けている金融機関が経営破たんした場合、一〇〇〇万円までしか保証のない預金よりも、むしろ安全度はずっと高いといえます。

それでは、その仕組みを説明しましょう。

投資信託という金融商品は、投資信託会社がつくり、運用します。その投資信託を売るのが販売会社です。金融ビッグバン以降は銀行や郵便局でも買えるようになりました。また、さわかみ投信のように、販売会社を通さず運用会社が販売も手掛ける直接販売という形態もあります。そして、投資家から集まった運用資金を信託財産として保管・管理するのが信託銀行です。

つまり、投資信託には運用会社、販売会社、信託銀行の三つの機関が関与しているのです。

では、そのうちの一つ、販売会社が経営破たんした場合、投資家の預けたお金はどうなってしまうのでしょうか。実は、投資家が投資信託の購入代金として販売会社に支払ったお金は、販売会社が預かっているわけではありません。販売会社を経由して信託銀行に納められ、信託財産として管理されているのです。だから、販売会社が破たんしても投資家のお金が失われることはないし、販売会社の保管している投資信託も別の販売会社に移管されるので、投資家に被害が及ぶことはないのです。

運用会社が経営破たんした場合も同様です。投資家のお金は信託銀行が管理しているので、何ら影響を受けません。問題は運用会社が運用していた投資信託ですが、これは他の運用会社が運用を引き継ぐか、運用会社が保有していた株式や債券を清算して投資家にお金を返還することになります。

最後に、信託銀行が経営破たんした場合です。信託銀行は、信託財産は信託銀行自身の財産と切り離して管理しなければならないと法律で定められています。

ですから、たとえ信託銀行が破たんしても、投資家の預けたお金が減ったり失われたりすることはないのです。投資信託は破たん時の基準価額で清算し解約となります。他の信託銀行に信託財産が移管されれば、投資家は引き続きその投資信託を保有することもできるのです。

このように、**投資信託はリスク商品だからこそ、金融機関の破たんで投資家が損害を被らないよう、きちんと法律が整備されている**のだといえます。

また、預貯金のペイオフが実施されたとしても、すぐに一〇〇〇万円が引き出せるとはかぎりません。おそらく破たん後六カ月は引き出せないとか、毎月五〇万円までとか制限が課せられるはずです。しかし、投資信託は清算となったらすぐに手続きをして現金化できます。なぜかというと、預貯金というのは資産性資金ですが、投資信託のほうは決済性資金だからです。

株式や債券といった資金は凍結すると決済ができなくなって経済が回らなくなってしまいます。だから、いつでも売買ができるようになっていなければならないのです。

こういったアナウンスがきちんとなされていないのも、日本人の投資意識が低い要因の一つだと私は思います。

「積み立て投資」で始めるのもおすすめ

投資信託とは、投資家から銀行や証券会社などの販売会社がお金を集めて一つのファンドをつくり、それを運用会社が国内外の株式、債券、不動産などに投資し、収益を投資家に分配するという金融商品です。

この投資信託の原型となる仕組みは、十九世紀のイギリスで誕生したといわれています。当時のイギリスでは、前世期に起こった産業革命の結果、社会に富が蓄積されるようになると、富裕層の間で投資が盛んに行われるようになってきました。それにともなって投資先も、国内から徐々により金利の高いヨーロッパ大陸やアメリカに移っていきます。

一方、同じころに誕生した中産階級にも、投資に興味をもつ者が現れ始めました。しかし、彼らの資産は富裕層の足もとにも及ばず、海外の情報を集められるほどの力もありませんでした。

それでもなんとか投資をして、自分たちも資産を増やしたい。何かいい方法はないだろうか。考えに考えた末に生まれたのが、多くの人から小口の資金を集め、ひとまとめにして投資をするという共同出資というやり方で、これが後に投資信託に進化していったのです。

日本に投資信託が登場するのは戦後のことですから、まだ七十年ほどしか経っていません。しかも一般庶民の間に普及し始めたのは、せいぜいここ二十年のことです。

日本人は預貯金に対する信頼が異常に厚く、また、高度経済成長のころは、預貯金の金利が六~七%もあったので、お金を郵便局や銀行に置いておくだけで、何もしなくても十年後には二倍近くになってくれました。それで、わざわざリスクをとってまで投資をする必要を、ほとんどの人は感じていなかったのです。

しかし繰り返しになりますが、現在のような低金利では、預貯金ではちっとも資産が増えません。しかも、郵便局や銀行はバブル状態にある国債を目いっぱい抱えているので、国債バブルが破たんしたらひとたまりもないでしょう。「銀行は一行たりともつぶさない」という国のお墨付きがあった時代とはわけが違います。また、国債暴落がインフレやスタグフレーションを引き起こしたら、預貯金の資産価値は一気に目減りしてしまいます。

このように、いまや預貯金というのは、何があってもなくならない安全で安心な金融資産といえるようなしろものでは、すでになくなっているのです。これから先はどうやって自分の財産を守り、賢く増やしていくか、一人ひとりが自分の頭でしっかりと考えなければなりません。

そこで預貯金に代わる資産形成の柱になり得るものは何かといえば、それが本物の長期投資なのです。

応援する企業の株式を買ったら、あとは相場と適度な距離を保ち、暴落時には応援買いを行い、株価が高騰したら薄く薄く売り上げるというのを繰り返しながら、その企業が成長するのと自分の資産が増えるのを、ゆっくりのんびり待つのです。

ただ、なかには長期投資を始めたいけれど、時間がなくて個別企業を調べる余裕がないとか、個別株を買うだけの資金がないという人もいるでしょう。

そういう人にぴったりなのが投資信託です。たとえば応援したい企業の株価が二万円で、売買単位が一〇〇株だとしたら、その企業の株を買うためには最低二〇〇万円の現金を用意しなければなりません。そうなるとまだ資産の少ない若者は、長期投資で資産を増やそうにも、始めることすらできないということになってしまいます。

しかし、投資信託はもともと少額でも株式投資ができるように設計されているので、どの**投資信託もだいたい一万円から投資が可能**です。

また、**月々決まった額を積み立てて株式を購入する積み立て投資**を選べば、毎月その金額で買った投資信託の口数が自動的に投資口座に追加されていきますから、いつ買っていつ売るかといったことに頭を悩ませることもありません。お金が働いて財産を増やしてくれるのを、ただ待っていればいいのです。これぞまさにのんびり投資そのものだといえます。

※

どうでしょう、のんびり投資を始めたくなりましたか？

「どうやって応援する企業を探せばいいか、早く教えてくれ」

そう思ってくれていたら嬉しいですね。ただその前に、もう少しだけ「のんびり投資がいかにすごい可能性を秘めているか」という話を続けさせてください。

のんびり投資は個人の資産形成になるだけでなく、社会も豊かにしてくれるものなのです。「はじめに」でも述べましたが、私はのんびり投資や長期投資が日本に普及すれば、日本の未来は明るい。それどころか、世界経済もいまよりもっと良いものになると確信しています。その理由を第二章では詳しく解説します。これを読めば、もっとワクワクした気持ちで、のんびり投資を始めたくなるに違いありません。

第二章

「のんびり投資」で日本経済は大復活する！

――少子高齢化・成熟経済でも日本が成長していける理由

澤上篤人
さわかみ投信取締役会長

日本の未来は明るい

「日本の未来は明るいと思いますか？」

いま小学生からこう質問されたら、あなたはなんと答えますか。

うーん……と下を向いてしまう人が多いのではないでしょうか。

たしかに、「国の借金が一〇〇〇兆円を超えた」といったニュースばかり目にしていれば、日本の将来に悲観的になってしまうのも無理はありません。

一方、私は「日本の未来は明るい」と言い続けています。

第一章では「のんびり投資は個人の資産形成のカギになる」という話をしました。この章では**「のんびり投資は日本経済を成長させ、個人だけでなく日本全体も豊かにする」**という話をします。

先ほど日本の未来は明るいと聞いて「そんなバカな」と思った人も、この章を読めば「なるほどたしかに澤上の言うとおりだ。日本の未来にもっと希望をもとう」と思ってもらえるはずです。

アベノミクスでは日本経済は成長しない

これまでの歴代総理に比べれば、安倍総理はずいぶんましなほうだと思います。とくに私が評価しているのは株価上昇による資産効果。株価が上がるとなんとなく景気が良くなっているという心理が働きます。そして、それがちょっと豪華な夕食にしよう、休日に出かけようといった消費行動につながり、経済を活性化していくのです。

他の資産でも同じことが起こりますが、昔から「株価は景気対策のいちばんの特効薬」と言われているように、最も即効性があるのが株価上昇なのです。だからリーマンショック直後のアメリカでは、当時FRB（アメリカの中央銀行）の議長だったバーナンキ氏が、住宅ローン債権や米国債を無制限に買い上げると宣言、すぐさま実行に移して投資家に安心感を与えたのです。

その結果、狙いどおり株式市場には買いが戻って株価が大幅に上昇。それをみて冷え込んでいた人々の消費意欲にも再び火がつきました。他の先進国に先駆けてアメリカ経済が回復したのには、そういう理由があったのです。

ところが、日本では株価上昇による経済浮揚効果は、長らく軽視され続けてきました。就任後いきなり株価対策を明確に口にしたのは、おそらく安倍総理が初めてです。裏を返せば、それだけ歴代の総理たちには経済感覚がなかったといえます。

あるいは、それを口にするだけの勇気がなかったのでしょう。というのも、日本では長い間株式投資をやるのは金持ちと思われてきたからです。株価を上げて経済を活性化しましょうと総理がアナウンスしたら、「金持ちを優遇するつもりか、けしからん」という有権者の非難にさらされかねません。だから、たとえそれが有効な政策であるとわかっていても、誰も手をつけることができなかったのです。

しかし、安倍総理の経済対策にしても、株価上昇による資産効果以外でみるに、目立った効果はいまのところ出ていません。

安倍総理は二〇一五年九月に、アベノミクスは新たなステージに移ったとして、「希望を生み出す強い経済（名目GDP六〇〇兆円達成）」「夢をつむぐ子育て支援（出生率一・八％への回復）」「安心につながる社会保障（介護離職ゼロ）」の新三本の矢を提唱しました。また「一億総活躍社会の実現」というスローガンもあわせて掲げています。

その中身はまだ具体的にされていませんが、単なる掛け声で終わらないことを一国民としては願うだけです。ただ、それらによって日本の景気が劇的に良くなったり、日本経済が大きく成長したりすることは、今後も残念ながらないと思います。

なぜなら、「成熟経済をどう成長させればいいか」ということを、きちんとわかっている人が政権内にいるようには見えないからです。

成熟経済を成長させるのは「消費」ではなく「長期投資」

高度経済成長期の日本のように、経済がまだ発展段階にあるときは、人々は豊かな生活に憧れて、もっともっとと消費意欲に満ちあふれています。

だから、企業は「これもほしいでしょ、これだって要りますよね」とばんばんつくって並べておくだけで、商品は端から売れていきます。経済の主導権を握っているのは明らかに企業。その企業がどんどん売上を伸ばすのですから、この段階の経済は放っておいても右肩上がりで急激に成長していきます。

中国やインド、インドネシア、ナイジェリアといった発展途上国は、まさに現在この段階にいると言っていいでしょう。これらの国では、国民が豊かさを求めてお金を使いまくることで、経済の現場ではものすごい勢いでお金がぐるぐる回っています。経済の規模というのは、結局回っているお金の量とスピードで決まりますから、経済もハイペースで成長していくのです。

ところが、その経済が成熟段階に入ると、すでに各家庭には必要なものはひととおりそろっています。そのため、そう簡単にものは売れなくなります。たとえば車。発展段階の高度成長期には、隣の家が車を買ったからウチにもほしいと、新しいお客さんが次から次へと買いにきてくれました。でも、いまはどこの家にもすでに車があります。つまり、主な需要は新規ではなく「買い替え」なのです。

企業もよっぽど魅力的な商品をつくらないと、売上があがらなくなります。「もうこれといってほしいものがない」と言っている消費者の財布のひもを緩めるのは簡単ではないからです。

ものが売れなければ、工場も動かなくなり、雇用も給料も減り、さらにものが売れなくなり……という悪循環に陥ってしまいます。こうして経済の現場にまわるお金の量とスピードがどんどん鈍っていき、経済の成長スピードもどんどん鈍化していく。そう、これが**日本経済の「失われた二十五年」の正体**です。

では、完全なる成熟経済となったいま、日本経済に再び元気と成長を取り戻すにはどうすればいいのか。簡単です。私たち一人ひとりが経済の現場にお金をどんどんまわしてあげればいいのです。

「でも、もう昔みたいに買いたいものなんてない……」

そうですよね。高度経済成長期、私たちは「消費」という形で無意識のうちに経済の現場にお金をじゃんじゃんまわしていました。成熟段階となったいま、それと同じことはできません。

ではどうすればいいか。そこで非常に重要になるのが長期投資なのです。**無意識にやっていた消費のかわりに、今度は〝意識的な〟長期投資という形で、経済の現場にお金をまわしてあげる**のです。

もちろん投資するのは、生活者の現在と未来になくてはならない企業です。そうした企業にどんどんお金をまわしていけば、社会はどんどん豊かになります。成熟経済であっても成長していくことができます。

国の政策に期待するのではなく、私たちが自らの手で経済活動を活発にして景気を良くしていく――。こっちのほうがよっぽど確実だと思いませんか。

成熟期になっても一人あたりの経済規模は縮小しない

「そうはいっても少子高齢化が進む日本経済は、いくら長期投資で企業にお金をまわしても、いずれは縮小していってしまうのでは？」

■成熟経済に「長期投資」が必要な理由

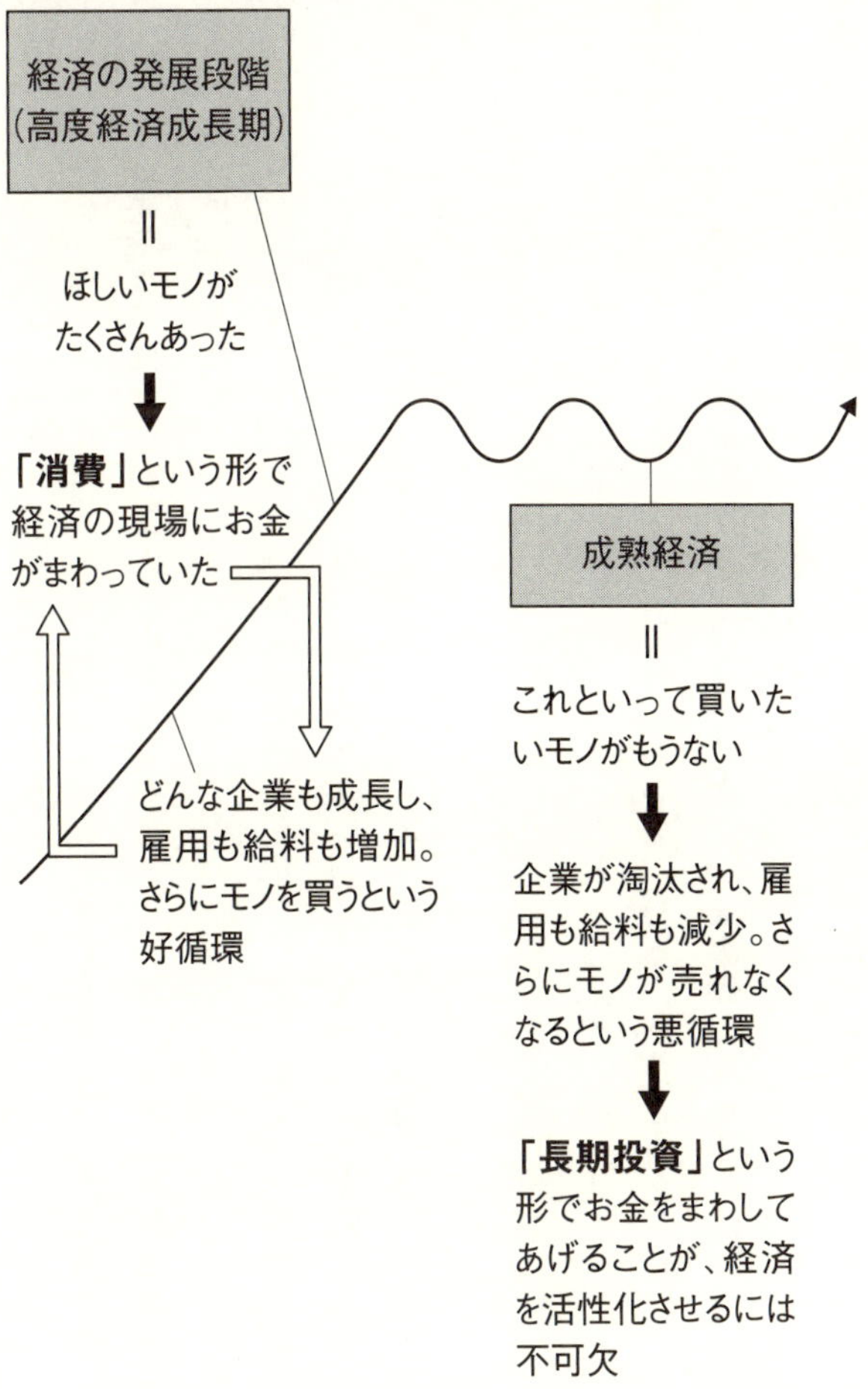
経済の発展段階
(高度経済成長期)
＝
ほしいモノが
たくさんあった
「消費」という形で
経済の現場にお金
がまわっていた
どんな企業も成長し、
雇用も給料も増加。
さらにモノを買うという
好循環
成熟経済
＝
これといって買いた
いモノがもうない
企業が淘汰され、雇
用も給料も減少。さ
らにモノが売れなく
なるという悪循環
「長期投資」という
形でお金をまわして
あげることが、経済
を活性化させるには
不可欠

そんなふうに思っている人はいませんか。

たしかに現在約一億二〇〇〇万人の人口が、これから毎年〇・四%ずつ減っていきます。でも、**二〇五〇年時点ではまだ一億人もの大市場が残っている**のです。これは他の国と比較してもかなり大きな市場です。

また、成熟期になっても、国民一人あたりの経済規模、つまり購買力は絶対に縮小などしないどころか、逆に拡大していくはずです。だって、誰だっていまより貧しくなりたいとは思わないでしょ。そうしたら、必死で最低でも現在の生活水準を維持しようとするじゃないですか。

世界第二位の経済大国の座は中国に取って代わられたといっても、日本の国民一人あたりの経済規模は、まだ中国の七~八倍もあるのです。これから中国人の生活も、どんどん日本人のレベルに近づいてくるでしょう。だからといって、日本人が貧しくなるわけではありません。日本人は日本人で、国の経済がどうなろうと、いま謳歌《おうか》している生活の質は何が何でも守るはずです。

じゃあ守るためにどうすればいいのか。それには、現在の生活を成り立たせてくれている企業を応援して、がんばってもらうのがいちばんです。

だから、生活者の目で企業をよく観察するのです。自分たちが儲けることしか頭になく、いい加減な商品やサービスを平気で売ったり、社員を大切にしなかったり、環境に悪影響を与えて人々の生活を脅かしたりする企業には、速やかに市場から退出してもらう。そして、なくなったら困る、私たちの生活を支えてくれている企業は、商品やサービスを利用するだけでなく、株を購入し、投資家としても応援し続けるのです。

景気を回復させたければ、アベノミクスより長期ののんびり投資

この国には現在、GDPの一・七倍にあたる八三四兆円もの個人資産が、銀行に利息も付かないままボーッと眠っています。**預貯金に眠る日本の個人マネーは世界の政府系ファンドの合計を二倍強も上回る規模**です。

このうちの一〇%、いや五%でも長期投資という形で経済の現場に出てきたら、安倍総理があれこれ手を尽くさなくても、日本経済はあっという間にジェット気流に乗って上がって

いきます。

一人ひとりが株を買うだけです。とてもシンプル。しかも第一章で述べたように、のんびり投資であれば株を買うのに専門知識も特別な勉強も必要ありません。「理想の未来になくてはならない」と思う企業を応援する気持ちで、その企業の株が大きく売り込まれているときに買えばいいだけです。

そうしたら、あとは毎日株価が上がった、下がったと気を揉むことなく、じっくり腰を据えて応援し続ける。そのうちその企業は成長し、社会の発展と株式資産の上昇という恩恵をもたらしてくれます。

社会にとっても個人にとってもいいことずくめなのですから、始めない手はありません。

とくに、私が声を大にしてこのことを伝えたいのは、いままさに経済活動の一端を担っている現役世代の人たちです。

金融資産の六割をもっているのは高齢者です。だから、本当は彼らがこの仕組みを理解して、貯め込んでいるうちの何割かを投資にまわしてくれるのがいちばんで、そうすれば日本の景気回復は一気に進みます。

しかしながら、彼らは若いころ預貯金に励み、当時の高い金利でかなりいい思いをしてきています。ですから、額に汗して働いて得た給料やボーナスの残りは預貯金にしておけば間違いないという発想の外に、なかなか出られないのです。

そのことに対し不満を漏らしても仕方ありません。それよりも、大事なのは現役世代です。この先十分な年金をもらえるかどうかわからないと不安を抱えながら毎日働き、なおかつ子どもたちの未来に直接責任をもつ現役世代にこそ、投資をすることでその威力と効果を身をもって知ってほしい。と同時に、大人としての責任を果たしてほしいのです。

預貯金は無責任

驚きましたか。でも、私は本気でそう思っているんです。

「元本を保証して利息を付けてくれるなら、あとは好きにやっていいよ」といって、お金を銀行や郵便局に丸投げする。預貯金というのは要するにこういうことでしょ。

これってどう考えても無責任だと思いませんか。だって、お金をいったん預けたら、「使い道はわれ関せず。あとはそっちで勝手にやって」と言っているのと同じですから。

預金者は口を出さないのだから金融機関は楽ですよ。それでバブル崩壊以降いまにいたるまで、安心して国債を買い続けているのです。日本がGDPの二倍を超える、ギリシャやイタリアよりもひどい財政赤字を抱えるようになったのも、元はといえばデフレが続くなか、将来に不安を抱えた国民の多くが、預貯金なら安全だとお金を郵便局や銀行に丸投げし続けた結果だと言えなくもありません。

たしかに高度成長期のころだったら、預貯金も悪い選択ではなかったといえます。

国の経済がまだ成長段階にあるときは、あれもまだもっていない、これも必要だと、庶民の頭の中にはほしいものがいくつもリストアップされていて、それを一つひとつ買いそろえるために、人々はモーレツに働くのです。一方、企業はつくれば売れるのですから、銀行からお金を借りて機械を買い、工場を建てまくる。

旺盛な資金需要は金融機関の預金金利に跳ね返ります。日本のバブル期の預金金利は六～七%もありました。そして、利息がまた消費に向かうという好循環が続くので、成長期なら人々が何も考えずに余ったお金を郵便局や銀行に預けていても、それはそれでいいと言えるのです。

ところが先ほども述べたように、いまのような成熟段階になると、思うようにものが売れません。生活に必要な家電や耐久消費財はどの家庭にもひととおりそろっているからです。積極的にお金を使うのはせいぜい買い替えと、生活消費くらい。

あとは長年の習慣で、日本人は余ったお金をみんな預貯金にしています。でも、寝かせているだけでちっとも増えてくれません。それは、バブル時の不良債権処理を急いで銀行の経営健全化を図るために、一九九二年九月に始めた低金利政策を、国がいまだに続けているからです。

預金金利というのは三〜四%が普通なのであって、銀行や郵便局に預けたお金が毎年これくらい増えていくなら、人々も多少は気持ちに余裕ができ、その分財布のひもも緩むので、お金が回って経済は活性化していきます。なにしろ日本では、個人消費はＧＤＰの六〇%前後をしめるのですから。

現在、日本人の個人資産は一七一七兆円、そのうち預貯金が八三四兆円です。これに対し預貯金金利はわずか〇・〇二％なので、受け取る利息は約一六六八億円にすぎません。ところが、もし預貯金金利が常識的な三～四％ならば、二五兆～三三兆円の新たな収入が家計にもたらされるのです。その半分が消費に向かえば、二・六～三・四％の経済成長が実現することになります。

だからといって政府が明日突然、預金金利を三～四％に引き上げるなどということはないでしょう。逆に、黒田東彦日銀総裁の目標とするインフレ率二％が実現したら、安全だと思っていた預貯金も価値が一気に下落してしまうのです。

さらに恐ろしいことがあります。いつまでも景気が回復せず、給料は上がらないのに税金や社会保険料は上昇傾向という状態が長く続いたため、日本人の貯蓄率はどんどん下がっているのです。二〇一三年度にはついにマイナス圏に入ってしまいました。おそらくこれから先は生活費の不足は預貯金を取り崩して穴埋めしていくようになるのでしょう。そうなると預貯金そのものが確実に減っていきます。

お金は郵便局や銀行に置いておけば大丈夫などと高を括《くく》っていたら、近い将来日本人はとんでもないしっぺ返しをくらうのは間違いありません。

だから私は、「お金を銀行にボケーッと眠らせておくのは百害あって一利なし。早く長期投資でお金を経済の現場にまわして、日本経済を元気にしていこう」と口が酸《す》っぱくなるほど言い続けているのです。

お金には経済活動の潤滑油という重要な役割があります。お金がグルグル回ることによって新しい価値が生まれ、経済が拡大し、社会が生成発展していく。その様をみて昔の人は「金は天下の回りもの」といったのです。

その天下の回りもののお金を、リスクをとりたくないからとひたすら預貯金ばかりしていたらどうなりますか。現場に十分なお金が行き渡らなければ、経済は活力を失い、拡大どころか逆に衰退していくでしょう。それは、みんなが一様に貧しくなるということなんです。**投資をしないという人は、経済を拡大して明るい未来をつくることになんて関心がないと言っているのと変わりません**。それってずいぶん無責任で自分勝手じゃないですか。

お金は絶対に手の中に抱え込んではダメ。経済が停滞しているときこそ、どうぞ使ってください と現場に放り込むのが正解で、投資というのはそういうことなのです。それに、そのお金はいずれ大きく増えて戻ってくるのですから、怖がる必要はありません。

世界中の企業人が「長期投資家」を強く求めている

日本の預貯金マネー八三四兆円の一〇%でも二〇%でも長期投資に向かい始めたら、本当にすごいことが起きます。日本経済が元気になるなんて当たり前。マネー転がしが跋扈《ばっこ》して混乱が続く昨今の世界経済や金融市場を、安定成長に導くことだってできるんです。

いま世界中の経営者や企業人は、みんな短期マネーに振り回されて困っています。 投資家だってそうです。うまく儲けた一部の人たちだけはほくそ笑んでいますが、あとはみんな迷惑しています。でも、誰もそれにブレーキをかけられないでいる。**それを止める唯一の手段、それが長期投資なのです。**

投資というのはもともと、長期投資を意味していました。

株式会社が誕生したのは十六世紀から十七世紀にかけての大航海時代のイギリスやオラン

ダです。南方や新大陸に絹や香辛料などを買い付けにいく東インド会社のような貿易会社が、株式会社の起源だといわれています。

彼らは航海に先立って、買い付けの資金や航海にかかる経費を、投資家からの出資でまかなっていました。船が交易品を満載して戻ってくれば、投資家は出資額に応じた配当金を手にすることができます。一方、もし途中で船が遭難するなどして戻ってこられなかった場合は、出資金を失うことになります。

どちらにしても結果が出るまでには、投資をしてから三年から十年もの長い間、待たなければならなかったのです。それゆえ投資家は、お金を投じる対象を慎重に選び、投資を決めたらあとはじっくり腰を据えて、船が戻ってくるのをひたすら待ったのです。

このように投資というのは、果実がたわわに実ることを期待して種を蒔くようなものですから、利益を手にするまでに時間がかかるのは当たり前のことなのです。私がこの世界に入った一九七〇年代前半もまだ、投資は長期投資というのが、世界の運用ビジネスでは共通認識でした。

ところが、七〇年代の半ばから、その常識が徐々に変わり始めます。理由は年金です。

先進国では六〇年代後半から、まだ現役のうちにリタイア後に備えて、お金を積み立てておくという年金制度の整備が急速に進みました。それにつれて、年金資産がものすごい勢いで積み上がっていったのです。

一九七〇年代も半ばごろになると、年金資産の蓄積が進んで、巨大な資金のプールが生まれました。そうなると、これはビッグビジネスのチャンス到来とばかりに、そこに世界中の運用会社が群がっていったのです。

将来加入者に年金を支給する際の貴重な財源を、運用の失敗で目減りさせるわけにはいきません。二十年、三十年経って約束したお金を払うだけの資金が足りないといっても、もうそのときは手遅れだからです。そこで、運営主体の国や自治体は、運用会社の成績をしょっちゅう提出させてチェックし、結果が良くないと別の会社に乗り換えるということを始めました。これによって投資の仕方がガラリと変わってしまったのです。

世界の運用会社にとってどんどん積み上がる年金資金は宝の山です。そこで、短期で高い運用益が出るような運用にシフトし、徹底的にマーケティングを行って年金資産の獲得にのめり込んでいったのです。いわゆるマネー転がし運用をやり始めたわけです。

さらに八〇年代になると、ここにコンサルタント会社も参入してきます。彼らは年金の運営主体に近づいて、より良い（短期の）運用成績を出せる運用会社の選定に、あれこれアドバイスをしては高いフィーをもっていくというビジネスモデルです。

もうそうなってくると、年金サイドはもちろん、運用会社もコンサルタント会社も皆、一年毎の運用成績を上げることしか頭にありません。お金を投資する企業の将来性や、社会の役に立つ企業かどうかなんてどうでもいい、それより四半期ごとの決算でいい数字を出して株価が上がってくれればいいのです。

こんなものは投資ではなく、マネー転がしに過ぎません。だって頭にあるのは自分の利益だけで、投資先や社会のことなんてこれっぽっちも考えていないじゃないですか。

けれどもそれが世界的な流行となってしまったために、八〇年代以降は短期投資というマネーゲームが金融市場で大手を振って行われるようになり、今日まで続いているのです。

海外の優良企業が「東京市場で上場したい」と集まってくる

残念ながら、長期投資家はいまや世界的に絶滅危惧種的な存在です。このままだとマネー転がしの連中に駆逐《くちく》されてしまいかねません。

その流れを止められるのは何か。それが日本の預貯金マネー八三四兆円なのです。

もしこの八三四兆円の二～三割が長期投資に回れば、東京株式市場のボラティリティ（株価変動率）はとても小さくなる。株価が暴落すると、長期投資家という真打ちの応援団からどんどん買いが入るので、どんな株価下落も底値が意外に早くつくし、高騰したらしたで今度は適当に売り上がるので、天井もある程度マイルドになるからです。

そして、ボラティリティが小さくなると、マネー転がしの連中は全然儲からなくなるから、東京市場からすごすご退散していく。痛快！じゃないですか。

一方で、株価が安定すると、企業経営はとてもやりやすくなります。

そうなれば、世界の企業はどうすると思いますか。東京の株式市場には長期投資家がたくさんいると知ったら、みんな東京株式市場に上場してくるにちがいありません。ニューヨーク、ロンドン、シンガポール市場……いま企業はどこでも短期志向のマネーに振り回されて疲れ切っています。東京は長期投資家がじっくり応援してくれるとわかれば、しっかりとした経営をしている会社ほど東京を選びますよね。投資家も、私たちと同じ考えをもっている「まともな投資家」ほど東京を選択するでしょう。

まともな企業と、まともな投資家が、世界中から一気に集まってくるのです。東京、さらに日本にはものすごい産業が起こります。これこそが私の考える金融立国ならぬ**「長期投資立国」**の姿にほかなりません。「のんびり投資」という言葉はやわらかいですが、そこに込めている思いは骨太で半端なものではないのです。

「グレート・ローテーション」という追い風

さらに、いま長期投資家には「グレート・ローテーション」という追い風が吹き始めています。

一九八三年ごろから世界の債券価格はずっと上昇を続けてきました。先進諸国の年金マネーによる一方的な買いが債券市場の追い風となったのです。

また、債券価格が上がると長期金利は下がるので、長期金利は当然低下傾向となります。七〇年代から八〇年代はじめにかけて一〇％を超えていたアメリカの長期金利は、十年もので五％、四％へと下がっていきました。

そして、ついに二〇一二年七月には史上最低の一・三八％まで低下したのです。これは、金融バブル崩壊後に、経営状態の悪化した銀行などの金融機関を救済するため、先進諸国の中央銀行が史上空前の量的金融緩和を行ったからです。

ところが、三十年続いた債券高と長期金利の低下現象に、明らかな異変が現れ始めようとしています。債券市場から株式市場に資金がシフトするのです。

これがいわゆる「グレート・ローテーション」です。

先進国はどこも高齢化が進んで、五年ほど前から年金の積み立てよりも引き出しが多くなりつつあります。つまり、債券の最大の購入資金だった年金資金にキャッシュアウトが起こり始めたのです。おそらく、この流れが止まることはないでしょう。

つまり、**これからは世界の年金資金が債券の買い手から売り手に代わっていく**のです。こうなると、これまで大量の資金が流れ込んで上昇に次ぐ上昇を続けてきた債券市場が、一転して長期の下落傾向に陥るのは避けられません。そして、儲からなくなった債券市場から抜け出した巨額の資金の受け皿となるのは、株式市場と考えるのが自然です。

このグレート・ローテーションは少なくとも十年以上は続きます。その間、株式市場は、上がったら売られて下がるという状態を繰り返しながらも、基本的には右肩上がりの相場を形成していくということになりそうです。

これは、われわれ長期投資家にとっては、歓迎すべきことであるのは間違いありません。

それから、グレート・ローテーションが起こって債券価格が下落すれば、長期金利は加速しながら上昇していきます。そうなると、借入コストも上昇するので、借入金でレバレッジをかけて短期のリターンを追求してきたヘッジファンドなどは、思うように暴れられなくなるでしょう。

こうして短期志向のマネー転がしが駆逐されていけば、必然的に長期投資家の存在感が増してきます。そんなグレート・ローテーションは、すでに静かに進行し始めています。

日本は世界に先駆けて成熟経済のロールモデルになれる

投資という概念が生まれたのは、十六〜十七世紀の大航海時代のヨーロッパです。しかし、当時投資を行うのは、もっぱら高所得者に限られていました。

ヨーロッパは、いまでもそうですが、一部の高所得な資産家と大多数の低所得者層とから成る極端な階級社会です。

高所得者層はお金があり余っているうえに貪欲なので、何もしないで銀行に預けっぱなしにするようなことはしません。わずかな余裕資金でもすぐに投資にまわします。運用してお金を増やすのが、彼らの常識であり文化なのです。

一方、低所得の一般庶民は、一生懸命働いても食べていくのが精いっぱいの収入しか得られないので、生涯ずっと投資とは縁がないのが普通でした。

その後、十八世紀にイギリスで産業革命が起きると、中産階級が誕生してきましたが、それでも一部の人々だけの豊かさでした。

ようやく投資が一般大衆にまで広がってきたのは、ここ三十五年くらいのことです。これはアメリカも似たようなものだといっていいでしょう。つまり、庶民レベルの投資は世界的にみても歴史が浅く、まだ文化といえるほどにはなっていないのです。

たとえば、株式市場が暴落し、売りが殺到しているときに、応援する企業の株を断固として買い増すことで、経済の現場に資金を供給し、経済活動が冷え込むのを防ぐというのは、リスクのとれる資本家の役割なのです。昨日今日投資を始めたような一般庶民には、そこまでのことがわかっていません。だから、庶民の投資は、相場を追いかけて右往左往する短期投資になってしまいがちなのです。

成熟経済では、生活者による長期投資は社会を望ましい方向に導き、子孫に明るい未来を手渡すために、きわめて重要な役割を果たします。

ましてや日本では、その一般庶民が八三四兆円という巨大な金融資産をもっているのです。彼らが投資の概念を正しく認識し、長期投資家となって自分たちのお金をまわしていくようになれば、アベノミクスのような政策に頼らなくても成長していくことができる。世界に先駆けて成熟経済のロールモデルになれる可能性を秘めているのです。

最近、投資教育という言葉をよく耳にします。しかし、その中身はというと、小学生のうちから株取引を教えるような、トレーダー養成のようなものばかりです。これでは誰も幸せにならないし、いつまで経っても日本に投資文化が花開くことはないでしょう。

真の投資教育とは、経済の成熟期を迎えた日本で必要とされている、投資の意味をきちんと理解し、なおかつ行動のできる長期投資家を育てることです。

そういう投資教育がちゃんとなされれば、もはや何も考えずお金を郵便局や銀行に置いておくような人や、切った張ったの丁半博打のような相場で疲弊《ひへい》する人はいなくなります。お金は経済の現場でいい循環を繰り返し、経済は活性化していくのです。

※

さあ、どうでしょう?

のんびり投資の魅力とその可能性をわかっていただけましたか。

でもわかっただけではなんの意味もありません。みなさんに行動を起こしてもらえなければ、私も苦労して本を書いた意味がない（笑）。そこで次の第三章では、さわかみファンドのCIOを務める草刈に、より具体的かつ実践的な話をしてもらいます。

第三章

実践！「のんびり投資」

――投資する企業をどう探す？ 売り時、買い時の判断は？

草刈貴弘
さわかみ投信取締役最高投資責任者

長期投資は誰でもすぐ始められる

第一章、第二章では、当社の会長である澤上篤人が、なぜいま長期投資（＝のんびり投資）を始めるべきかや、長期投資が財産づくりにいかに有効か、といった話をさせていただきました。

長期投資とは、文字どおり株式投資の長期運用のことです。投資というとなにやら難しそうに聞こえるかもしれませんが、私たちがおすすめする**長期投資に専門的な金融の知識は無用**です。もちろん、一日中モニター画面に張り付いて売買のタイミングをうかがうようなことも必要ありません。これまで資産運用といえば銀行の定期預金くらいしかやったことがないというビジネスパーソンや家庭の主婦でも、基本的な考え方さえ理解すれば、すぐに始めることができます。

ただ、第一章と第二章を読んで、

「株価が暴落しても応援し続けたい企業に投資するのはよくわかったけど、そういう企業は具体的にどうやったら見つけられるの？」

「『相場追いかけ型』の投資をやめたほうがいいのはよくわかったけど、では買い時や売り時のタイミングはどう判断すればいいの？」

などと疑問に思った人もいるでしょう。

安心してください。この章では、さわかみ投信の取締役最高投資責任者（ＣＩＯ）である私・草刈貴弘がより実践的な話をしていきます。

本章から読み始めている人もいるかもしれませんので、最初に、長期投資の流れを簡単におさらいしておきましょう。

まずは、普段の生活を振り返って、これがないと困るという製品やサービスを挙げ、次にそれらを製造したり提供したりしている企業はどこか確認します。それから、将来どんな社会に暮らしたいかを具体的にイメージし、その社会を実現するのに不可欠な企業はどこか考えます。

それらのうち自分が「心から応援したい」と思える企業を一つ選び、長期投資の対象とします。

ただし、いきなりその会社の株式を買う必要はありません。しばらくはその企業の日々の活動と株価の推移をただ観察するだけです。そうしていると、企業活動とは関係なく何らかのニュースによって株価が上下に動くことがよくわかります。もちろんその中には直接関係あるものも含まれますが、半年ほど経ってみると「あれは何だったのだろうか」というものがほとんどであることがわかるでしょう。ですから、経験則として年に二～三回は株式市場全体が大きく下落する調整局面が訪れるので、そのときに思い切って買ってみることをおすすめします。

あとは株価の上げ下げに一喜一憂することなく、その企業が成長するのをのんびり見守るだけ。そして、景気が上昇段階に入ったり、企業が成長段階に入ったりして株価が大きく上がってきたら薄く売り上がって、次の暴落時の株式購入資金を確保する――。

この一連の流れをリズムよく繰り返すだけです。

余裕があれば、以後も同じようにして、応援企業を一つずつ増やしていくといいでしょう。そうすると、いずれの企業にも自分の思いが込められているわけですから、マネーゲームとは違った重みのある財産づくりができます。

「数字ではなく企業をみる」が大原則

「よし、長期投資をやってみよう」

そう思い立ったらまず、どの企業を応援するかを決めるところから始めます。応援するというのは、株式を買ってその企業の株主になるということです。自分の大事なお金を託すわけですから、ここは慎重かつ徹底的にやらなければなりません。

ここからは、**「長期投資をする企業の探し方」**を詳しく解説していきましょう。

長期投資家が企業を探すときの大原則は、「数字ではなく企業をみる」ということです。

投資をする企業を探すというと、通常は、「企業の財務諸表とそこから導き出されるPBRやPERといった数字を調べ、株価が割安な銘柄を探す」「業績予想を立てて、利益成長見込みに対して株価が割安な銘柄を探す」といったことを行います。

プロの機関投資家と個人投資家ではそれにかけている時間や労力が違いますが、やっていることは同じです。つまり、「数字をみている」のです。

でもよく考えてみてください。業績予想というのはどんなに時間や手間をかけてもほぼ似たりよったりになるもの。もし利益見通しに対して割安な株があったとしても、すぐにみんなが買ってしまうので、割安なのは一瞬だけです。何十人ものアナリストが朝から晩まで情報収集に躍起になっている機関投資家でも、気づいたときはたいてい手遅れ。その〝一瞬〟をつかむのは至難の業と言わざるを得ません。

「数字をみる」というときれいですが、要は相場の情報をいち早くかき集めて、そこから儲かりそうな株を探すというやり方です。それはしょせんトレーディングであって、投資というよりもギャンブルに近いお金の使い方ですから、博打好き以外の人はやめたほうがいいでしょう（このあたりの話は、第一章で澤上がたっぷり述べていますので、忘れてしまった人はそちらを読み返してみてください）。

一方、私たちも数字はもちろんチェックしますが（一三八ページ参照）、それだけで割高や割安を判断することはありません。さわかみファンドがみるのは、数字ではなく、あくまでも企業です。個人で長期投資をするのであれば数字はほとんどみなくてもいい、と私は思っています。

日常生活の中で投資する企業を探す方法

では、「企業をみる」とは具体的にどういうことでしょうか。

長期投資家が企業をみるときのポイントは、大きく分けて二つあります。

一つは**「その企業が、私たちの日々の生活になくてはならない企業かどうか」**。

もう一つは「その企業が将来何をやろうとしていて、そのためにどんなことをしているか。**将来の社会になくてはならない企業かどうか**」です。

当然ですが、このうちのどちらかにあてはまるなら、その企業はそう簡単につぶれないはずですから、まさに長期投資にはうってつけだといえます。

問題は、これらの条件を満たす企業をどうやって探すかということでしょう。

それでは、前者の「日々の生活になくてはならない企業」の選び方からいきましょう。

澤上が講演などでよくおすすめしているのは、次のようなやり方です。

週末の夜、帰宅して入浴と食事を済ませてさっぱりしたら、テーブルにA4サイズ程度の白い紙、それと黒、赤、青の鉛筆を用意してください。紙は字が書けるならチラシの裏でもかまいません。

そうしたら黒の鉛筆で、**日々の生活の中でお世話になっている企業名を、紙に順番に書いていきます。**自分が乗っている車の会社、いつも給油するガソリンスタンドの親会社、テレビメーカー、そのテレビを買った家電量販店、シャンプー、洗剤、コンビニ、飲料、食料、住宅……思いつくかぎり書き出すのです。

もうこれ以上出ないところまでいったら、いったん鉛筆を置いて深呼吸をし、心を落ち着けて、いま書いた紙を見ます。そこには一〇〇以上の企業名が列挙されているはずですから、次はそれらの企業を一つひとつチェックしていきます。

最近商品の質がちょっと落ちた。社員の態度に不愉快な思いをさせられたことがある。若者を使い捨てにしている。離職率が高い。どうも自分の会社の利益ばかり追求しているようにみえる。社会貢献に無関心……こういう企業は青で囲みます。

一方、地味だけど非常にいい商品をつくっている、クレームにもきちんと対処してくれる、社員を大切にしている、環境に対する意識が高いなど、好感のもてる要素がある企業には、赤でチェックを入れます。

青、赤ともあまり力を入れずに、薄く色を付けるのがポイントです。

これを毎月一度やってみましょう。結婚している人は、奥さんやご主人と一緒にやってもかまいません。

すると、これまでなんとなく使っていた商品の使い勝手が気になったり、企業に関する新聞記事にも興味が出てきたりします。それは、商品や企業に対する意識が高まってきたからです。また、それまで赤を付けていた企業が翌月は青になるとか、青かと思ったらやっぱり赤だったとかいうことも頻繁に起こってきます。

そうこうするうちに半年も経って、最初につくったリストを見ると、赤と青が入り混じるなかで、毎月のように赤のチェックが入って真っ赤になっている企業があるはずです。

これがその人にとっての応援企業だといっていいでしょう。なぜなら、真っ赤というのはその人が好ましいと思っていて、なおかつ思い入れの強い企業だからです。

逆に、そういう企業じゃないと、長きにわたって応援し続けるのは難しい。なんとなく良さそうだ程度では、暴落時に株価が急落すると、心配になってつい売りたくなってしまう可能性大です。

理屈よりも感情で選ぶ

「長期投資をする企業を探そう」という意識をもつようになると、テレビの経済ニュースや新聞の記事を観たり読んだりするときも、この企業は投資対象になるかどうか自然と考えるようになります。

ただ、アナリストみたいにならないように注意してください。

たとえば、スマホゲームのアプリで業績を伸ばしている企業があるとしましょう。それで興味をもって調べてみると、ヒット商品がいくつもあり、そのいずれもが日本だけでなく海外でも人気となっています。また、テレビコマーシャルをたくさん流していることもあって会社の知名度も高く、しばしばメディアに登場する社長のキャラクターも際立っていて、ベンチャーながら大学生が就職したいと考える企業ランキングの上位にも入っているなど、好材料がいくつも出てきました。

でも、私なら投資しません。投資対象にふさわしいか調査すらしないでしょう。理由ははっきりしています。私自身がスマホゲームをやらないからです。

いくら周りから、この企業は将来性に満ち溢れていると言われ、それを裏付ける資料やデータをみせられても、ゲームをやらない私としては、そのすごさが実感できません。頭では理解できても、肌を通して伝わってこないのです。

長期投資でいちばん難しいのは暴落時です。株価が急激に下がり始めると、「もっと下がるんじゃないか」「早く手放さないと評価損がどんどん膨らむ」という心理が働き、他の投資家たちは焦ってその企業の株を、ものすごい勢いで売り始めます。

こうなると、なかなか平常心ではいられないのが人の常です。こういうときこそチャンスと思ってさらに応援買いを入れるのだと、いくら日ごろから自分に言い聞かせていても、いざそうなってみると「やっぱりこの会社はダメなんじゃないか」「自分だけ損していいのか」

と途端に弱気の虫が頭をもたげてきます。

最初に情報だけで投資先を決めた人は、この不安に耐えられない可能性が大です。自分の投資に心の底から納得していないと、何があっても応援し続けるというのは、なかなかできるものではありません。

だから、投資を決める際は、本当にその企業が社会に必要だと思っているかどうかを何度も自分に確認してください。長期投資家にとって大事なのは、応援しようという気持ちが借り物や計算ではなく、本気だということです。

つまり、投資する企業を選ぶときは、理屈よりも感情を大事にすることが大切なのです。いくら勉強したところで、その企業のすべてがわかるわけではありません。それよりも、自分がその会社に惚れ込んで、何があっても応援するぞという気持ちになることが大事です。そういう会社じゃないと、暴落時に喜んで株を買い増すなんてことはできません。

投資する企業は一〜二社で十分

そうすると、そうたくさんの企業に投資することはできないでしょう。それでいいのです。一般の投資家なら本気で応援したいと思える企業が二社もあれば十分です。

また当然、**人によって応援する企業は違ってかまいません。**同じ車業界でも、都心に住んでいていつも駐車場に困っている人はカーシェアの会社を応援し、地方で車が足代わりの人は軽自動車をつくっている会社の株を買うかもしれません。それぞれ生活スタイルが違うのですから、それでいいのです。

けれども、これまで車にまったく関心がなく、自動車免許ももっていない人が、急に車業界の有望企業を探そうと無理してモーターショーに出かけたり、業界紙を読んだりしても、心から投資したいと感じる企業はなかなか見つからないと思います。

そのエネルギーがあるなら、自分の生活の中に向けてください。誰にも文句をいわせない納得ずくの応援企業が、きっとそこにはあるはずです。

ちなみにアナリストが市場予測や投資判断をしばしば間違うのは、それが血肉の通っているものではないからです。そんな机上の空論を信じて大事なお金を投資するくらい、ばかげたことはありません。

「どんな会社が伸びるか」の前に「どんな社会にしたいか」

次に、「将来の社会にとって欠かせない企業」の探し方を紹介します。

ここで質問です。

「あなたは十年後あるいは二十年後、どんな社会で暮らしていたいですか」

「子どもや孫にどんな社会に住んでいてほしいですか」

いきなりこう質問されると、具体的に答えられる人は少ないのではないでしょうか。

でも、誰もが漠然とした夢や希望はもっていると思うのです。

たとえば、わが子の保育園探しに苦労している共働き夫婦であれば、「わが子が大人になるころには、子どもを安心して預けられる保育園が豊富にある社会になっていてほしい」と願っていることでしょう。そうしたら、その未来の実現のためにがんばってくれている企業を徹底的に探します。その中でも「この企業を強く応援し続けたい」と思える企業があれば、それが長期投資をする企業になるのです。

もう少し一般的なエネルギーというテーマでも考えてみましょう。

十年後、二十年後、あなたはどんなエネルギーを使って生活していたいと思いますか。

「二酸化炭素が地球温暖化の原因になるから、できれば石油じゃないほうがいい。原子力はどうだろう。クリーンエネルギーというけど、処理できない放射性廃棄物が出るのはイヤだ」

こんなふうに、いろいろな可能性を一つひとつ検証していくと、環境に与える影響や安全性、安定供給されるかどうかといった知識がないと判断できないことに気づくはずです。

そうしたら、それを自分で勉強してみましょう。ここだけは少しがんばってみてください。インターネットでいろいろ調べたり、あるいは専門書や科学雑誌などを読んだりしていると、次世代エネルギーには太陽光、地熱、風力のほかにもいろいろなものがあって、どの会社がどんなエネルギーの開発にかかわっているかや、燃料電池の分野で進んでいるのはこの会社といったことがわかってきます。

さらに、そうやってがんばって勉強していると、自分が理想とするエネルギーを積極的に研究開発したり、設備投資をしたりしている企業が浮上してきます。そういう企業を見つけたときは、「自分の思い描く未来の社会を実現するために、こんなにがんばっている会社があったんだ！」と嬉しくなるものです。当然その会社は自分の将来にとってなくてはならない会社ですから、喜んで応援団を買ってでればいいというわけです。

テーマはなんでもかまいません。個人的には介護や健康などはおもしろいと思います。普段から問題意識をもっているほど、テーマも思いつきやすく、応援企業を見つけるのに苦労しないようです。

「推」と「論」で誰でも未来予測は可能

「十年後、二十年後の社会がどうなっていればいいかをあれこれ考えてみたけれど、そんな先の具体的なイメージは浮かんでこなかった……」

そんな人には、「いまの生活ニーズの変化」をもとに、**ロジックとイマジネーションを働かせて「将来の社会にとって欠かせない企業」を探していく**という方法もあります。

たとえば、通信機器の主流は、ガラケーと呼ばれる携帯電話からスマートフォンに移りつつあります。おそらくこの先もこの流れは変わらないでしょう。では、ガラケーとスマホの違いはどんなところにありますか。

まず、形状が大きく異なります。ガラケーは二つ折りですが、スマホは一枚のプレートです。ガラケーで二つのパーツをつなぐヒンジと呼ばれる部品は、スマホでは不要になるわけですから、ヒンジメーカーはこれから先、大口の供給先を失って苦戦するだろうことが予想できます。

それから、ガラケーとスマホでは、セラミックコンデンサの数が違います。スマホはその構造上、ガラケーよりも多くのセラミックコンデンサを必要とすることを考えると、セラコンメーカーの需要は今後も確実に増えるのは間違いありません。つまり、ヒンジメーカーとセラコンメーカーで、将来性があるのは後者だということです。

あるいは自動車。エンジンがガソリンからハイブリッドや電気に変化していくというのが世界のトレンドです。そこで、ハイブリッド車や電気自動車にはどんな部品が使われているかを考えてみると、すぐに頭に浮かぶのが大容量のバッテリー、それから回生ブレーキで充電できるモーターです。それゆえ、これらを研究開発している企業の未来は明るいと言えますし、自動運転などの新たな安全システムなどが広がれば、自動車はさらに電装化が進むと考えられますから、センサーやそれらを制御する部品（ＥＣＵ）やつなぐコード類（ハーネス）に携わる分野もおもしろいでしょう。

どうですか。こうやってロジックを働かせていくと、新聞や雑誌で読んだ程度の情報しかなくても、「将来の社会にとって欠かせない企業」がなんとなくみえてきませんか。

それでは、次はロジックに加え、イマジネーションも発揮してみます。

ハイブリッド車や電気自動車が主流になりつつあるといっても、ガソリン車に比べると価格はかなり高めです。ましてや収入レベルの低い新興国では、買える人は限られてきます。それにハイブリッド車や電気自動車を普及させるには、かなりの数の充電施設をつくらなければなりません。それは莫大な投資が不可欠だということを意味します。ということは、新興国ではこの先もまだしばらくはガソリン車が売れ続けると考えるのが自然です。

ガソリン車の市場がなくならないのなら、ガソリンエンジンをつくっている企業の将来も、案外悲観する必要はないと言えるかもしれません。

それから、澤上が以前、スマホの十年後をこんなふうに予測していました。

「やっぱり人間って感情の生き物なのよね。SNSもいいけど、あれって温度が感じられないじゃない。ああいう無機質なつながりだと、そのうち人間は満足できなくなるのと違う？だからきっと温もりを伝えるような機能がスマホにも付加されるようになるよ。

でも、それって結局デジタルでありながらアナログに近づくってことだから、必要なメモリの容量は増えるわな。

そうなってくると、カギを握るのは半導体メーカーよ。半導体メーカーはまだまだ伸びるということ。そう思わん？」

澤上はロジックとイマジネーションのことを「推」と「論」だと表現します。その推と論の先に描かれた仮説は、あくまで仮説ですからすべて正しいわけではありません。

でも、それでいいのです。いまはまだ世に出ていない企業の将来性をいち早く発見するには、「推」と「論」を働かせて仮説を立て続ける姿勢こそが重要なのです。

「〇〇関連銘柄」といったテーマで企業を選ぶのは失敗のもと

「将来の社会にとって欠かせない企業」を探す上で何よりも大切なのは、自分で将来をイメージし、自分の頭で考えるということです。

その正反対のやり方が、「二〇二〇年に東京オリンピックが開催されるから、そこで恩恵を受ける企業の株式は買っておいたほうがいい」といったように、「なんとか関連銘柄」というテーマで株式を買うようなやり方です。

これははっきりいっておすすめできません。なぜなら、それは単なる「相場」であって、企業の将来性とは別ものだからです。

いい例が一九九九年夏から二〇〇〇年春にかけてのＩＴ関連バブル相場。情報通信革命の到来と騒がれてＩＴ関連企業の株価が高騰しましたが、一年も経たないうちに火が消えてしまいました。いま話題になっている東京オリンピック関連銘柄も結局は同じこと、潤うのは一瞬です。恩恵を受けるといってもたかが知れています。

だから、さわかみ投信でも、そういう「○○関連銘柄」というテーマで企業の将来性を予測して、投資をするようなことはしません。

ただし、そこからさらに深掘りしていくと、本当のニーズと真に将来性のある企業がみえてくることもあります。たとえば、東日本大震災のあと、復興関連銘柄として建設関連企業の株価が高騰しました。これはたしかに「相場」なのですが、被災地にかぎらず、これから日本全国で道路、橋、トンネルなどの補修や補強が急務なのはまぎれもない事実です。また、近い将来起こると予想される地震に備え、建物の耐震強度を高めたり、地盤を強化したりする必要性も、間違いなく高まると思われます。

このように、国民の安心、安全のためのインフラ整備という観点に立てば、そこには一過性ではない確固たるニーズがあるといえるのではないでしょうか。

どの業界かは関係ない

それから、「これからどんな業界が伸びますか（衰退しますか）」という質問をよく受けますが、どの業界かで企業の将来性を判断するのは間違いのもとだということも付け加えておきます。

ときどき経済誌などで、「これから伸びる業界、衰退する業界」といった特集が組まれているのを目にしますが、一つの業界がいっせいに伸びたり衰退したりするというのは、経済が成長期にあるときの現象です。日本でも高度成長期には、人々がいっせいに車や家電などを買い求めたので、それらの業界の企業がこぞって好業績を上げるというようなことがよくありました。

しかし、日本経済はすでに成熟段階に入っていて、必要なものは人々の間に行き渡っています。みんなが車をほしがっている時代なら、業界下位の企業であっても需要はあったので、業界の伸びと一緒に企業も成長することができたでしょうが、いまはそんなことはありません。成長できるのはイマジネーションとロジックで将来の消費動向を読み、需要を掘り起こした企業だけ。この業界だから安泰、この業界だからダメ、ということはもはやあり得ないのです。

では、生き残ることのできる企業とそうじゃない企業の選別は、いったい誰がやると思いますか。そう、私たち生活者（消費者）一人ひとりです。成熟期における経済の主体は、企業ではなく生活者、これをぜひ覚えておいてください。

ある**企業の将来性を予測するには、決算数字よりもずっと、「生活者、消費者としての肌感覚」のほうが確実**です。

「あれ、いつも使っているこの商品、ちょっと質が落ちたんじゃない」

「最近出た他社の商品のほうが使いやすいぞ」

日常生活の中でこういうことを感じる瞬間ってありますよね。これが肌感覚です。そして、この生活者としての肌感覚は、遠からず企業の業績に表れてきます。それも必ず。なぜなら企業の活動は、生活者の消費によって成り立っているからです。

だから、私自身も企業をリサーチする際には、この生活者の肌感覚を重要視しています。それも自分の実感だけとはかぎりません。たとえば私がよくやるのは、家電量販店の定点観測。売り場を訪れて商品を眺めているふりをしながら、お客さんの行動や反応を観察するのです。そうすると、「テレビやカメラなどのデジタル製品より冷蔵庫や洗濯機などの白物家電に向かうお客さんが多い」とか、「この炊飯器は手ごろな価格だけれどあまり売れていないようだ」とか、いろいろなことがわかってきます。そういう生の情報を集めていると、これから伸びる企業はこれというのが、具体的にみえてくるのです。

話を戻すと、どの業界にいるかでその企業の将来性をみるのは意味がありません。

また、これからはいままでの業種や業界に収まらない産業が、続々と誕生してくると考えられます。十数年前までは、駅前には必ずサウナが何軒もありましたが、いまではあまり見かけないと思いませんか。代わって増えているのが手もみマッサージの店です。

でも、これだって何年か先には別の施設やサービスになっているかもしれません。大事なのは、現在の状態を基準に考えないで、「十年後、二十年後はこんな世の中になっているのではないか」という想像力を働かせることなのです。

応援企業を選ぶときは先入観をもたない

さわかみファンドの組入れ銘柄には、鉄鋼業界の企業も含まれています。
戦後の復興期から高度成長期にかけて、鉄鋼業界は国の基幹産業として、大いに繁栄を謳歌してきました。まさに「鉄は国家なり」だったのです。しかし、現在はというと、斜陽産業の一角を占めていると言わざるを得ないほど凋落していると誰もが思っているのではないでしょうか。

実は、私もいまの仕事に就《つ》いたばかりのころは、なぜさわかみファンドに「終わった産業」である鉄鋼業界の企業を組み入れているのか疑問に思っていたのです。

しかし、その後鉄鋼業界について勉強し、理解が深まってくると、その理由が徐々にわかってきました。

たしかに現在の鉄鋼業界には六〇年代のころのような、毎年右肩上がりで成長を続けるだけの勢いはありません。世界においても中国、インド、韓国などの新興国が急激に生産量を伸ばしており、日本の粗鋼生産量の対世界シェアは年々低下しています。

けれども、鉄といってもいろいろあるわけで、高級鋼の分野では、日本の品質は世界ナンバーワンなのです。さらに、低コストで低環境負荷を可能にする技術でも、日本の鉄鋼業は世界をリードしています。これに関しては中国も韓国も、日本の技術供与がなければどうにもならないのです。

それに、冷静に考えれば鉄の需要がなくなるなんてことはあるわけがありません。車だって大部分は鉄じゃないですか。そして、その車は毎年七〇〇〇～八〇〇〇万台も売れているのです。建物を建設するにしても、オフィスで使われる机や椅子やさまざまなところで使われていますから、更新需要も大きいのです。

事実、日本の粗鋼生産量は年間一億トン超で、実はこれは過去ピークを迎えた一九七〇年代のころとあまり変わっていません。斜陽産業であるならば、生産量はどんどん減っていくはずですが、四十年も高い水準を維持し続けています。

こうやってみてくると、鉄鋼業界は斜陽どころか、実は技術で世界をけん引し、ハイエンドで安定した実力を発揮する、非常に魅力的な業界だといえるのです。

ところが、鉄鋼は斜陽産業だという思い込みがあると、投資するにふさわしい素晴らしい企業がすぐそこにあるにもかかわらず、目に入ってこないということが往々にして起こります。

この業界は終わった。この業界は将来性がある。こういう先入観はまさに百害あって一利なしです。

それに、これからの社会に必要とされるようになるだろう企業には、どの業界にも分類できないようなものがかなりあります。おそらくこれから先は、まだ産業にすらなっていないような分野でビジネスを行う企業が続々と登場するのではないでしょうか。そうなったとき業界という判断軸はまるで意味をもたなくなります。

長期投資家として応援するかどうかは、あくまで個別の企業をみて決めるべきです。

企業のＤＮＡを知る方法

応援する企業を選ぶのに、経営者の考え方は重要な要素の一つです。経営者の理念や仕事観は、そのまま企業に反映されるのが普通だからです。関心がある企業の経営者がどんな発言をしているかには、日ごろから注意しておくといいでしょう。

ただ、世の経営者の中には、やれＭＢＡ経営がどうのこうのとマスコミ受けする発言ばかりが上手で、中身が伴わない人も少なくありません。そういう人の言葉を真に受けると、企業の真の価値を見誤りかねないので、なんでもかんでも鵜呑みにせず、「威勢はいいけど本当にできるのだろうか」と、ある程度批判的な目で、冷静に内容を判断することが大切です。

それには、自分が社長になったつもりで、その企業の三年後、五年後、十年後を想像してみるというのも有効です。

自分がこの企業の社長なら、いまの勢いのまま一気に業界トップを目指す。毎年○%売上をアップしていけば、五年で目標達成できる。そうなると、いまのラインでは製造が間に合わなくなるから、三年後には新工場を建設しなければならない。その際の資金調達は……といった具合です。

そうしたらそれを書いたものを手元に置いておいて、自分が勝手に想定した経営戦略と、実際その企業がどうするかを、随時比較して検証する。そうすると、その企業の価値がより鮮明になってきます。

たとえば、自分は毎年○%売上を伸ばせると考えていたのに、実際は翌年も二年後も売上が横這いだったとしたら、社長の経営手腕は自分が思っていたほどではないと判断できます。

逆に、想定以上に早い成長を遂げ、なおかつ二年目で新工場も完成させて機会損失を最小限に抑え、目標を前倒しで達成できるなら、この社長は自分が想像するよりはるかに速いスピードで経営をしているということですから、評価もそれだけ高まるというわけです。

さわかみファンドでは、これをもっと厳密にやっています。五年後、十年後の予想財務諸表をつくり、それを現在の数字と比べて、その企業の投資価値を見極めるのです。

それから、歴史のある企業の場合は、現在の経営者だけでなく、その企業に脈々と受け継がれているDNAもみておく必要があります。

それを知るための簡単な方法を一つ紹介しておきましょう。図書館に行って、**二十年前から現在までの新聞を用意し、投資対象として考えている企業が出てくる記事を、過去から順番に探して読んでいくのです。**

その際、数字は無視してかまいません。それよりも重要なのは、その時々の経営者の発言や会社の発表です。「何年後にこんな投資をする」「この分野の事業に乗り出す計画がある」

といったフレーズが出てきたら、漏らさずメモしておいて、実際それが実現したかを、やはり新聞記事で確認します。

これをやると、この企業は言ったことをちゃんと実行するのか、それとも言いっ放しで発言にあまり責任をもたない企業なのかが、ものの見事に明らかになります。

もし後者であれば、その企業にはトップが発言を軽んじるＤＮＡが流れているということですから、現在の経営者の発言も割り引いて受け取ったほうがいいという判断がつきます。

反対に、公に宣言したからには必ず実現するということを、律儀に続けてきた企業だとわかれば、信頼度は確実に上がります。こういう企業なら、暴落時にも安心して応援できるというものです。

さわかみ投信がみる企業の数字

投資をするかどうかは表面的な数字ではなく、企業をみて決める。これがさわかみ投信の絶対的な方針です。といっても、数字はまったく無視するということではもちろんありません。

企業としっかり向き合うことによって、そこに表れている数字が化粧を施されたものか、それとも実体に沿ったものかを見極めたうえで、数字の検証や分析もしっかり行っています。とりわけ私たちが重要視している数字は、次の三つです。

①アセット・バリュー

一般的にはPBR（一株当たり純資産額に対する株価の倍率）の数値が高いとその株価は割高、低いと割安と判断できます。

当社では、この数値とは別に、保有資産によるバリューを算出します。企業のもつ資産を、現時点で再調達した場合の資産価値と比較するのです。PBRを使う場合、バランスシート（貸借対照表、以下B／S）の右側にある純資産を使いますが、実際の企業はそれに負債を加えた金額を、B／Sの左側にある資産に変えて企業活動を行っていますから、右側の一部だけで企業を判断することは誤解を生じます。ですから、こちらの数値を参考にしています。

②収益力バリュー

一般的に使われているPER（株価が一株当たり利益の何倍か）の数値が低ければ低いほど、企業が稼ぐ利益に対して株価は割安といえます。一方で、企業が生み出す今後の予想利益を資本コストで割り引いて算出し、それも判断材料にします。

当然のことですが、利益の予想を行うためには、事業環境、需要と供給のバランス、コスト構造、競合他社との違いなどの分析が必要です。そして、①アセット・バリューからの企業価値と、②収益力バリューからの企業価値とを照らし合わせることで、その企業がどれくらい保有資産を有効に活用し、付加価値を生み出しているかを判断しています。

③将来価値バリュー

現在の企業活動が将来どれくらいの価値を生むか。これは数値化できないので、事業のポートフォリオを検証したり、経営者にインタビューしたりして総合的に評価するほかありません。その結果、①②の指標だと現在の株価は割高だが、将来の企業価値から割り引いてみると割安であると確信できれば、躊躇なくその企業に投資します。

実際、当社が投資している企業の中には、創業以来まだ一度も黒字を出していないところもあります。これは、その企業の将来価値を高く評価したからにほかなりません。

市場環境が恵まれていない地方で、しかも特定の地域でのみ展開している小売りの企業に、投資を続けているというケースもあります。投資の決め手となったのは従業員の質の高さです。最初に店舗を見学させてもらったとき、「軍手の片方だけ」といった特殊な顧客の要望にも、イヤな顔一つせず笑顔で対応するなど、顧客のニーズになんとしても応えるんだという会社の姿勢が店の隅々から感じられました。予想どおりその企業は、現在も成長を続けています。

バリュー株投資との決定的な違い

「安く買って高く売るというのだから、要するにさわかみ投信のやっているのは、資産価値に比べ価格の安い株に投資をするただのバリュー株投資でしょ」

さわかみ投信に対するそういう評価もよく耳にします。たしかに割安な株式を発掘して買うのですから、バリュー株投資だといわれればそのとおりです。ただし、一般的にいわれているバリュー株投資と、当社の投資の仕方は少し違います。

通常、バリュー投資家が株価の割高、割安を評価するのに用いるのは、いまある決算書などの財務諸表とせいぜい二、三年先ぐらいの予想利益、そこから導き出されるPBRやPERなどの数字です。先ほども述べたように、私たちがそれだけで株価の割高や割安を判断することはありません。これも繰り返しになりますが、さわかみファンドが見るのは、数字ではなく、あくまで企業なのです。

企業をみるということはつまり、その企業が将来何をやろうとしていて、そのためにどんな投資をしているかを、実際に経営者に話を聞いたり、企業を訪問して工場やオフィスを視察したりして見極めるということです。

その結果、現在は利益が出ておらず、株式市場の評価が低い企業であっても、経営者に将来絶対に世界を変えてやるという気概が感じられ、なおかつそれを実現できるだけの技術力が社内にあるとわかれば、十分に投資対象になり得ます。

そうしたら、その企業の五年後、十年後の予想財務諸表をつくってみる。それを現在の株価と照らし合わせて、明らかに割安なら、市場の人気が高まる前に買っておこうとなるわけです。いまの数字よりも予想財務諸表の数字のほうが、投資をするかしないか判断する際には、はるかに重要だといえます。

経営数字が申し分ない会社に投資しなかった理由

逆に、直近の数字が抜群に良くて、マスコミに注目されている企業であっても、経営者がどうやって儲けるかしか頭になく、目先の利益ばかり追いかけているようなら、当社の投資対象にはなりません。また、経営者のビジョンに共感できなかったり、社員のモチベーションが低く社長の意欲だけが空回りしているような企業も対象外です。

以前、あるベンチャー企業の社長が、ぜひ株主になってほしいと当社にプレゼンテーションに来られました。ＲＯＥ（自己資本利益率）や売上高の成長率など、彼が示す経営数字は申し分なく、おそらく外国人投資家や普通のファンドマネジャーなら、二つ返事で投資を決めたと思います。とにかくそれくらい魅力的な数字だったのはたしかです。

しかし、さわかみファンドがその企業に投資をすることはありませんでした。理由は、その社長の従業員に対する考え方に共感できなかったからです。

社長によれば、ほとんどの従業員は入社後三年以内に退職するということでした。それで、定着率を上げるために何か対策をしているのか質問すると、何も手をうっていないし、いまのままで全然かまわないとその社長は涼しい顔で言うのです。

「この業界は仕事が厳しいんですよ。まあ三年くらいが限度なんでしょうね。それに辞めて同業の会社に入る人もけっこういます。ウチが入口になって業界に人を供給しているわけですから、社会的役割も十分果たしていると思っています」

業界に貢献しているとうそぶきながら、従業員にどの会社でも通用する専門的なスキルを身につけさせるような教育や研修は、いっさいやっていないということでした。

要するに、この社長にとって従業員は、単なる使い捨ての道具に過ぎないのです。

どんなにいい業績を上げていても、トップがこういう考えの企業に投資することは絶対にありません。なぜなら、経営者が従業員に敬意を払わない企業は、いまよりいい未来、豊かな社会をつくるのに、なんの役にも立たないからです。

それどころか、この会社は明らかに人を不幸にしています。いくら経営者といっても従業員の生活も考えず、自分の目的を達成するために、好き勝手に働かせる権利はないはずです。

それに、企業は人の集合体だという大事なことを、この経営者はまったく理解していません。いくら社長が優秀で、経営の才があったとしても、他の従業員がいつでも代替可能な「道具」としての価値しかないと考えているようなら、その企業の価値は推して知るべしです。仮に現在は高く評価されているとしても、それは過剰評価にすぎず、将来性はなきに等しいというのが私の判断です。

数字だけでは、その企業の本当の価値はわかりません。だからこそ、(何度もしつこく恐縮ですが)数字よりも企業そのものをみることが、投資においては大事なのです。

ＲＯＥ経営への疑問

二〇一四年二月に金融庁は、日本版スチュワードシップ・コードを策定しました。

これは、機関投資家は企業の株式を長期間保有し続けるだけでなく、企業経営に対してもコミットメントし、パートナーとして企業価値の向上や成長に積極的にかかわるというものです。

このスチュワードシップ・コード、それからコーポレートガバナンス・コードの策定によって、企業経営のあり方がずいぶん変わってきました。とくに機関投資家の要求に応える形で、ＲＯＥの数値を経営目標に掲げる企業が増えたのはいちばんの変化だといえます。

ＲＯＥは企業が調達した資金をいかに有効に利用して、どれだけ利益を上げたかを表すというもので、投資家が経営者の手腕を評価するのにたいへん便利な指標です。

その一方、ＲＯＥはあくまで結果に対する評価にすぎず、また決算を瞬間的に切り取った微分の数字だともいえます。

■株主利益ばかり追求することの弊害

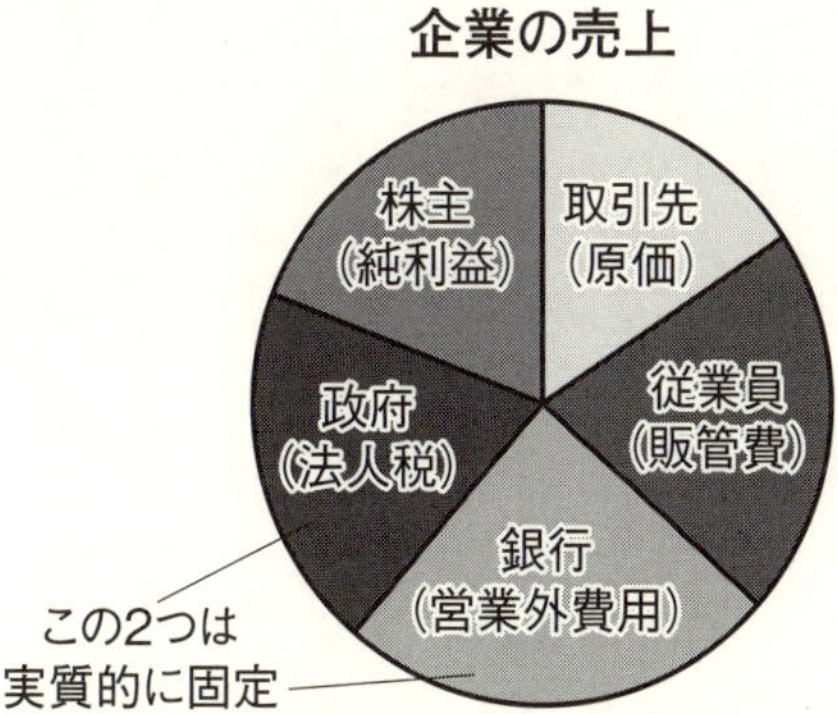

↓

株主利益ばかり追求すると
取引先と従業員にシワ寄せがいく

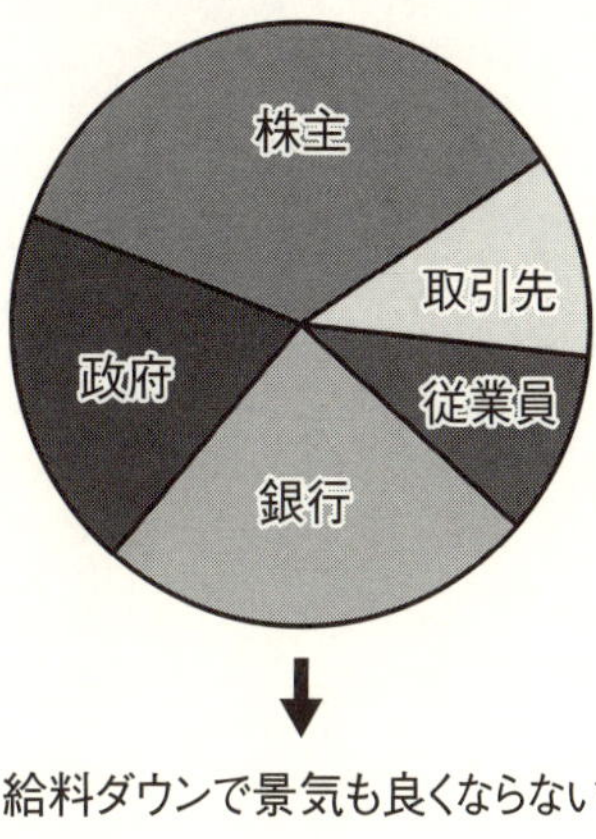

↓

給料ダウンで景気も良くならない

投資家がROEを重視するからといって、経営者がROEの改善に躍起になり、直近の利益ばかりを追いかけて、将来に向けての種まきを疎《おろそ》かにするようなら、いくらROEが高くても、その企業の将来の価値は決して高くないといえます。

また、ROEは自己資本を減らすことでも高めることが可能です。そのため配当を増やしたり、自社株買いをしたりして、総資産に対する自己資本の比率を下げてROEの数字を改善しようとする企業も少なくありません。

もちろん配当の増額や、一株当たりの価値上昇が期待できる株式数の減少は、投資家にとって大きなメリットです。けれども、自己資本をギリギリまで減らすような利益分配は、財務の安定性を損ねることにつながりますから、企業経営という立場からは、決して好ましいとはいえないはずです。

ROEの問題はまだあります。それは企業の経営がどうしても短期志向になりがちになってしまうことです。

目先の利益を拡大させるために、コストを削減し瞬間的に利益を増やすことを投資家は歓迎してしまいます。

■「応援投資家」から「パートナー」へ

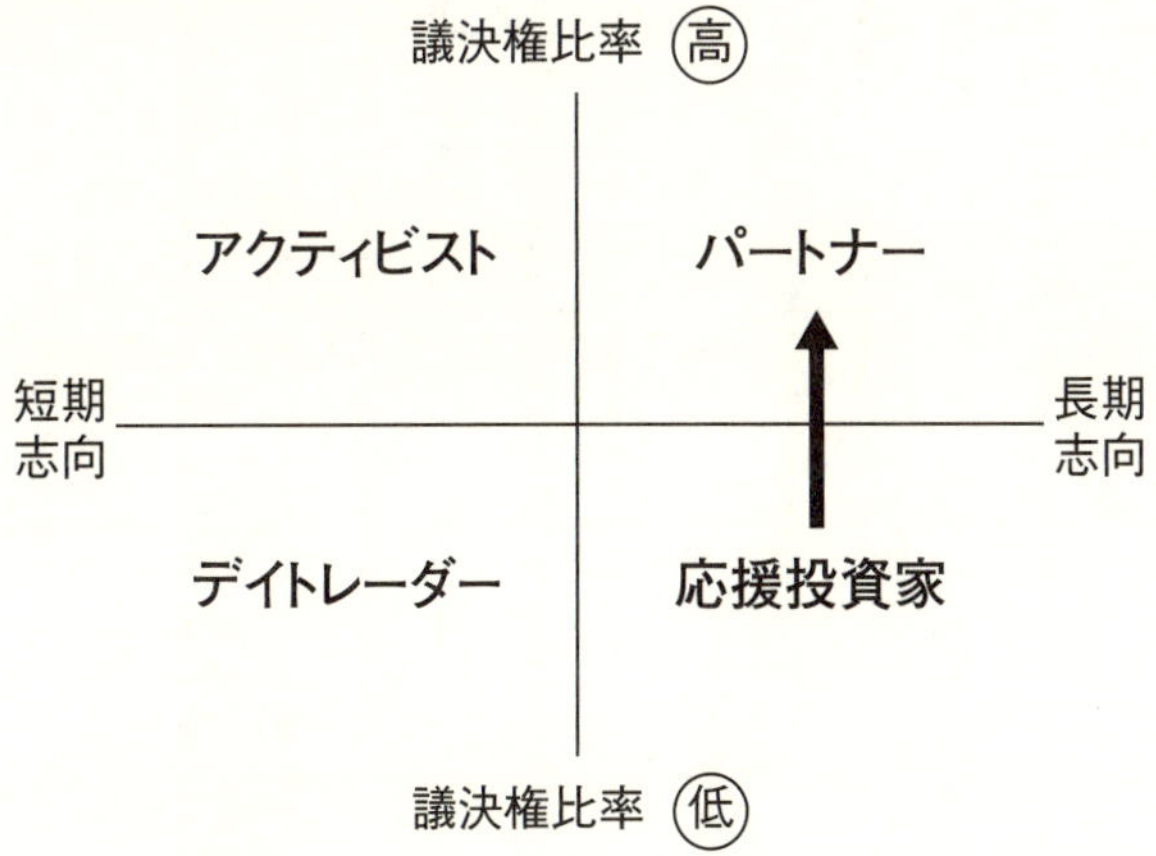

しかし、そのコストの中には将来のための研究開発や設備投資や人材育成などが含まれています。それを削れば将来の芽を自ら摘んでしまいますから、企業の成長力や未来の競争力を失うことになります。それは中長期的に、そこで働く人の職場を奪うばかりか、取引先、工場周辺の地域社会全体にまで影響します。

短期的に儲けられればいいというエセ投資家には、そんなことは関係ないのかもしれません。しかし、企業は利益を上げる以外にも、いろいろな社会的役割を担っているのです。それを無視して投資家と企業が、利益追求を唯一の共通の目的にしてパートナーになるというのは、スチュワードシップ・コードの解釈をどこかで間違えている気がします。

それに、選択と集中を進めた結果、資源を集中した事業が、環境の変化や想定外のイノベーションなどで思ったように利益を上げられなくなった場合、ほかに事業の柱がなければ、そこでその企業は倒れてしまいます。

株主が自分たちの権利を主張するのは当然のことですが、最近はいささかそれが行き過ぎているのではないでしょうか。

投資家と企業それぞれに消費者がともに利益を得ながら豊かな社会をつくっていく。さわかみ投信が目指すゴールはあくまでそこにあります。

そこで、さわかみファンドはここ数年、ピーク時には三〇〇以上あった組入れ銘柄数を一〇〇社程度まで減らしてきました。そうやって一企業あたりの保有株式数を増やすことで、発言権を上げ、超短期志向のアクティビストから長期志向の健全な企業経営を守っていきたいと考えているのです。力はまだまだ十分ではありませんが、私たちは本気でそれを実現したいと思って行動しています。

低金利で生きているゾンビ企業には投資するな

第一章で澤上が、政府が九二年九月から始めた低金利政策のせいで、家計は利子所得を奪われ続けたと書きました。これは要するに、本来ならつぶれていなければならない企業を、無理やり低金利にすることで救済するために行ったのです。そのせいで家計がわりを食って消費に十分なお金をまわせなくなったために、日本経済は停滞してしまったわけですから、間違った政策だったと言わざるを得ません。

だいたい金利というのは経済活動を表す体温のようなものですから、ある程度なければ紙幣がジャンジャン生み出されてお金の価値がなくなってしまうのです。

しかし、ここにきて国債価格下落と長期金利の上昇が、いよいよ近づいてきた気がします。もしそうなると、これまで国債の大量発行と先進諸国の中央銀行が行ってきた大量の資金供給とのつけで、ハイパーインフレかスタグフレーション（不況であるにもかかわらず物価や金利が上がり続ける状態のこと）がやってきてしまうかもしれません。

そうなってしまうと、低金利ゆえに生きながらえているゾンビ企業は一大事です。本当ならとうに息絶えていてもおかしくないのですから、金利が上昇した途端にもがき苦しみ、ほどなく息の根が止まるはずです。ゆえに、そういう企業は応援してはいけません。いくら目先の業績がよくても、投資対象からは外しておきます。

そうなっても、人々の生活に欠かせない企業はつぶれはしないので、安心して応援を続けてください。

企業探しを始めると、ビジネスの先読み能力も高まる

ここまで企業探しの具体的な方法を説明してきました。無数にある企業の中から「応援したい企業」を探し出すやり方が、かなり見えてきたのではないでしょうか。

この仕事をしていると、「○年前に予想していたことが、最近になって現実になったよなあ」と思う瞬間がよくあります。これは最高に楽しい瞬間です。

みなさんもぜひ、考えることをおもしろがってほしいと思います。

たとえば、社会の傾向から数年後にある課題が出てくると予想できる、そうした課題を見つけたら「どうやったら解消できるかな」と考える。あるいは「どこがボトルネックか」を考える。たとえば「車離れから運転免許をもたない若者が増えている」という傾向から、「将来的にトラック運転手の数が足りなくなる」という課題が想定され、「トラックによる物流に問題が出てくるかもしれない」となり、「じゃあ自動運転がこの問題を解決するかも」と、どんどん発想が広がっていきます。

「消費者のお金はこれからどこに向かっていくだろうか」

これは優れた経営者が常に考えていることです。長期投資の企業探しを始めると、そういう「ビジネスの先読み力」も自然と鍛えられます。ビジネスパーソンにとっては、これも長期投資の大きなメリットといえるでしょう。

「買い時」「売り時」はどう判断する?

ここからは、同じく質問の多い「買い時」と「売り時」のタイミングについて解説していきます。

といっても、これまでに解説した以上のことはあまりありません。

まず買い時は、いうまでもなく株式相場が暴落したときです。リーマンショックほどの大暴落は十年に一回あるかないかですが、小規模の暴落なら年に二～三回は必ずあります。たとえば、二〇一五年は年初に原油価格の下落やギリシャ政局の混迷から下げ、日経平均株価はその年の最安値をつけました。夏過ぎには中国の経済への不安と中国株式の暴落から世界中で株価が下がりました。

そういうときは企業経営の良し悪しに関係なく、十把ひとからげでどの企業の株価も下がります。「応援したい企業」を探し出し、買い時の到来を待ち構えていた長期投資家にとってはまさにバーゲンセール状態になりますので、ここで買いを入れない手はありません。

また不況の最中も買い時です。企業が業績・株価低迷で苦労しているときですから、そういうときこそ「真の応援団の出番だ」という心意気で応援買いを入れるのです。

一方、売り時は、景気が回復局面を経てやや過熱気味になってきたときや、上昇相場が続き株人気が沸騰し始めたときです。**マネー誌だけでなく一般誌まで「株だ株だ」と騒ぎだしたようなときも売り時**と考えて間違いないでしょう。景気状況の判断は、生活者としての肌感覚でやってしまってかまいません。難しい指標などよりよっぽど当たっていることが多いものです。

売るときのポイントは、少しずつ売り上がって、早め早めに利益確定をしていくこと。売りを出したあとに、さらに株価が上がっていくことも多々ありますが、まったく気にしなくてかまいません。もし株価がもっと上がりそうだからと株を買い増したりしたら、それこそ長期投資のリズムが崩れてしまいます。

長期投資の出発点は、あくまでも「暴落時に買いを入れる」です。

買い時にしても売り時にしても、判断を間違えない最大の秘訣は、実は「いつ買えば、いつ売ればいちばん儲かるか」という考えを捨てることなのです。

そういう考えがあると、暴落時に「まだ下がるのではないか」と不安になって思い切って買いを入れられません。そうこうしているうちに株価が上がってしまい、買うタイミングを逃してしまいます。逆に売るときには「まだまだ株価が上がるのではないか」と思い、売るタイミングがどうしても遅くなってしまいます。

一方、「この企業を応援させてもらうんだ」という純粋な気持ちで投資をする人は、暴落時でも躊躇なく買いを入れることができますし、株価がさらに上がってきたときも「いまならにわか投資家に応援を任せても大丈夫だ。いまのうちに次の暴落相場に備えておこう」とさっさと利益確定をすることができます。そして結果的に、相場や一般投資家よりも早め早めのリズムで売り買いをしていることになるのです。

長期投資で大事なのは、このように早め早めのリズムで売り買いを繰り返していくことです。一回の売買で手にする利益幅は少なめでもいいのです。リズムさえ守っていれば、次の上昇局面に早い段階から乗っていけます。そしてこれを繰り返していくうちに、資産はゆっくりと、でも着実に増えていくのです。

ですから、間違っても底値で買って天井で売ろうなどとは考えないでください。

どこが底値でどこが天井かなんて、それこそ神様にしかわかりません。私たちだってそれを一〇〇％当てることは不可能です。底値や天井を狙ってマーケットを追いかけると、逆に引きずり込まれて本来の投資ができなくなります。これが長期投資の最大のリスクといってても過言ではありません。

慣れないうちは、とくに売り時に迷うかもしれません。それは、少しでも利益を大きくしたいという、長期投資家らしからぬ気持ちが、まだ心のどこかにあるからです。でも、暴落時に買っていれば、いつ売っても利益が出るわけですから、どこで売るかは、実際はたいした問題ではないのです。

どこかで株を売ってみると、暴落時に株を買う意味はすぐに実感できるでしょう。そのうちに、暴落時に買えばあとは忘れていてもかまわないということがわかってきます。同時に、企業を応援していたはずなのに、いつの間にか自分の利益が最重要事項になって、相場を追いかけていたことにも気づくはずです。

そうしたら、そこから先は素直に長期投資のリズムに身を任せることができるようになるでしょう。真の長期投資家の誕生というわけです。

損切りはしないが「縁切り」はある

よし、この企業を応援するぞと決めたら、とことん応援し続けるのが長期投資です。株価が急落したくらいで浮足立ったりはしません。逆に、バーゲンセールのチャンス到来とばかりに喜んで応援の買いを入れるのです。売るときも、株価が高騰したときに一部を売るにとどめ、縁はつないだままにしておく。これが長期投資家の正しい姿勢です。

しかし、ときには一蓮托生《いちれんたくしょう》の思いで株主になった企業と、志半ばで袂《たもと》を分かつこともあります。それは、相手が変わってしまったときです。

気がついたら、応援すると決めたときとはまったく別の企業になってしまっていて、待てど暮らせど元の魅力あふれる姿には戻りそうもないし、その気もないとわかったら、そういうときは残念ですが「縁切り」をさせてもらいます。株価が下がったからといって応援をやめる、損切りのようなみっともない真似はしませんが、縁切りをしなければならないときはあるのです。

先代は、日本実業会の父といわれる渋沢栄一氏の説く「論語と算盤《そろばん》」の両方をもった経営者だったのに、後を引き継いだ二代目は「算盤」にしか興味がない。社内の雰囲気もすっかり殺伐としたものになってしまった。

こういうことはたまにあります。こうなると、こちらとしては応援し続ける意味がなくなるので、たとえ相変わらず素晴らしい技術をもっていたとしても、縁切りを言い渡さざるを得ません。

応援投資をしていた企業が不祥事を起こしたら？

それでは、応援している企業が不祥事を起こした場合はどうでしょう。

不祥事が発覚すると、通常その企業の株価は途端に売られて値を下げます。さわかみファンドを買ってくださっているお客さんからも「なんであんな企業の株をポートフォリオに組み入れているんだ。さっさと売ってしまえ」とお叱りの電話をいただくこともあります。

ただ、実際はそういうときも、すぐに株を売って縁切りするようなことはしません。

もちろん不祥事は株主や消費者に対する裏切りですから、そういう事態を引き起こした企業が、厳しく責任を追及されるのは当然です。

一方で、社会に必要とされている企業の価値は、一度不祥事を起こしたくらいでは、もちろん程度にもよりますが、そんなに簡単に下がるものではないという見方もあります。株価が急落すると、二度とこの会社は立ち直れないのではないかと思ってしまいがちですが、**株価というのは得てして行き過ぎる**し、また瞬間的なものなので、回復も早いのです。

やはり重要なのは企業の姿勢でしょう。不祥事が起こった背景をきちんと突き止め、それを隠さず公表し、さらに有効な再発防止策を迅速に講じたなら、雨降って地固まるではありませんが、その企業は不祥事によって結果的に価値を高めたということになります。

あとは、経営者の考え方です。当社であれば、その企業を担当するアナリストが経営者と直接会って、不祥事が経営に与える影響や、どのように収束させるのかなどを確認し、そのうえで今後も応援する価値があるかどうかを判断します。

不祥事というほどでなくても、その企業を批判的に取り上げる記事を週刊誌などで見つけてしまうということもあります。

それで、気になって株価をチェックしたら、買ったときよりずいぶん下がっています。もしかしたら、自分は単なる思い込みで、投資する価値のない企業を応援しているのかもしれない……。

そう考え始めたらたちまち不安でいっぱいになって、株を売りたくなってしまった。

長期投資を始めたばかりだと、こういうことはよくあるかもしれません。恋愛と同じで、ちょっとしたことで動揺し、疑心暗鬼に陥ってしまうのです。

こういう人は、正解はただ一つだと思っているのでしょう。

当たり前ですがトヨタだって、期間従業員を使って製造コストを下げているのがけしからんと、一部の人たちからはその経営姿勢を批判されています。

しかし、トヨタにも、国内工場で車を年間三〇〇万台以上つくり続けていくには、期間従業員に頼らざるを得ないという事情があるのです。いまの日本国内では新車（普通車と軽自動車合わせて）が年間五〇〇万台しか売れないのに、どうして三〇〇万台の生産体制を維持する必要があるのかといったら、最低でもそれだけつくり続けないと、日本に車をつくる技術が残せないというのが彼らの考え方なのです。このように日本を代表する企業であるトヨタであっても、みる方向や解釈によって、評価が変わってくるのです。

また、東日本大震災で福島第一原発が事故を起こしてからは、原発関連企業というだけでマイナスイメージをもたれがちです。けれども、そういう企業が投資家の支持を得られず、軒並み撤退してしまったら、やはり技術が失われて、現在ある原発を廃炉にすることもできなくなってしまいます。

価値観というのは極端な言い方をすれば百人百様です。ある人にとってはブラック企業にしかみえなくても、別の人にとってはこれからの日本に不可欠な企業かもしれません。

大事なのは他人の意見や世間の評判ではなく、自分がどう判断するかなのです。あらゆる企業のすべての情報を集めるなんてことは、最初から無理なのですから、手に入る材料だけでかまいません。それらを参考に、この企業は本気で応援する価値があるかを、徹底的に考えるのです。そして、そこから導き出した結論に心から納得できるなら、それがあなたにとっての正解なのです。

投資信託の選び方

個人が長期投資を始めるには、個別企業の株式のほかに、投資信託という方法もあります。むしろ、日ごろ仕事に追われて投資のためにあまり時間が割けないビジネスパーソンや、個別株を複数買えるだけの資産がない若者は、投資信託のほうが向いているといえるかもしれません。

さて、その投資信託ですが、現在日本では約五〇〇〇本売られています。いったいどうやって、自分に合った商品を選べばいいのでしょうか。

大事なのは、その投資信託は誰がどのような考えで設計し、運用しているかをちゃんと確認し、そのうえで決めるということです。

これは、パンフレットをみただけではなかなかわからないので、興味を惹《ひ》かれるものがあれば証券会社や銀行の営業担当者に、その点を質問してみてください。あるいは、直接電話をして尋ねてもいいと思います。運用担当者が誰なのか、どういった考え方をしているのかを確認して、納得できるものを選ぶべきだと思います。

もし相手が答えに詰まったり、納得できる答えが返ってこなかったりしたら、その投資信託は買わないほうがいいでしょう。

それから、マネー誌などにはよく、過去の運用実績が一覧表になって掲載されていますが、これだけみて決めるのはいささか危険すぎます。販売会社を使って売っている投資信託だと、販売会社の意向によって、商品の中身が簡単に変わってしまうからです。

以前、非常に運用成績のいい投資信託が、販売会社の指示で、受け入れる資金量をそれまでの五〇〇億円から二〇〇〇億円に、一気に増やしたことがありました。五〇〇億円と二〇〇〇億円では運用方法がまるで違います。大丈夫かなと思ってみていたのですが、案の定、たちまちガタガタになって、いままでは運用実績上位のリストどころか、話題にもあがりません。

こういうことは往々にして起こります。成績がいいと思って買った投資信託が、実はそれまでとは違うもので、思ったような成果が出なかったとしたら、悔やんでも悔やみきれないではないですか。

また、運用会社に優秀なファンドマネジャーがいて、彼の手腕で好成績を上げ続けてきた投資信託の場合は、そのファンドマネジャーが異動になってしまったら、それまでの実績はまったく意味がなくなってしまいます。

だから、過去の運用成績というのは、あくまで参考程度にとどめておいたほうがいいというのが私の意見です。

それから、ファンドの規模も重要です。たとえば、資金量二〇〇億円のファンドと三〇〇〇億円のファンドが、同じ会社の株をそれぞれ一〇〇億円分ずつ保有していたとしましょう。その企業の株価が一〇%上昇したら、二〇〇億円のファンドの基準価額はおそらく五%近く上がります。しかし三〇〇〇億円のファンドのほうは、それだけではパフォーマンスに目立った変化は出てきません。つまり、ファンドの規模が小さいほど楽に成績を上げられるのです。

その代わり、運用成績に縛られるので、暴落相場ではどうしても逃げ足が速くなって、積極的に買いを入れることができません。逆に上昇相場になると、できるだけ天井に近いところで売ろうとするため、売り時を逃してしまいがちです。

一方、三〇〇〇億円のファンドになると、もはや相場を追いかけて成績をどうこうできる規模ではないので、長期をにらんだ運用がやりやすいといえます。

このように、同じ程度の運用成績であっても、二〇〇億円と三〇〇〇億円では信用や安定度がまったく違うのです。

もう一つ、投資信託には運用会社がつくって証券会社や銀行などの販売会社が売るものと、運用会社が販売も手掛けるものの二種類があります。

前者の場合、販売会社がお客さんを探してきてくれるので、その分運用会社は楽をできますが、その代わり運用会社は、売りやすい商品をつくれという販売会社からの圧力に、常にさらされることになります。また、日本の投資信託の平均保有年数は三年以下ですが、これは短い期間で新しい投資信託に乗り換えてもらえば、そのたびに手数料が稼げるという販売会社の都合にほかなりません。

これに対し直販の投資信託のほうは、運用会社が自分たちで投資家を探さなければならないという苦労はありますが、自分たちの理念や運用方針をそのまま商品にしているので、その部分に共感できるなら、長くつきあうことができるでしょう。

投資信託のコスト

投資信託にはいくつかのコストがかかります。

まず、購入時に発生する販売手数料。これは投資信託の販売会社の収入となります。弊社のように運用会社が直接投資家に販売する直販の場合はこれがかかりません。ネット証券などの販売するインデックス投信（次項で解説）などにも、最近は販売手数料ゼロというものが増えてきています。

それから信託報酬。運用会社や信託銀行の運用や管理のためのコストのことです。コンピュータで運用するインデックス投信では、これがほとんどかかりません。最近はアクティブ投信（次項で解説）でも、信託報酬の比率を低めに設定する傾向があります。

では、信託報酬は安ければ安いほど投資家にとってプラスなのでしょうか。

実は、一概にそうともいいきれないのです。インデックス投信は単純に平均株価に連動して運用するだけなので、もともとコストはそれほどかかりません。一方、アクティブ投信のほうは、さまざまな企業を分析して投資する企業を選びポートフォリオをつくりますから、自分のところでリサーチのためのアナリストや専門家を抱える必要がでてきます。そのコストがかかるので、信託報酬がインデックス投信よりも高くなるのは当然なのです。

それに、たとえアクティブ投信の信託報酬が年一％であっても、その投資信託の基準価額の値上がり率が年一〇％、片やインデックス投信は信託報酬が年〇・五％しかかからないけれど、基準価額が年二％しか上がらないとしたら、果たしてどちらを選ぶのが賢明か、言うまでもありません。

つまり、**信託報酬の比率だけ取り出して比較してもあまり意味がない**のです。ましてやそれを投資信託を選ぶ決め手にするのは、本末転倒以外のなにものでもありません。

それから、ついでに分配金についても触れておきます。すべての投資信託には決算日が設けられていて、決算日には収益分配方針に基づき分配金が支払われます。さわかみ投信ではこの分配金を現金化せず、ファンド内に留保しています。理由は、分配をして二〇％の税金を取られるよりも、再投資にまわして元本を増やしたほうが複利効果（五六ページ参照）が生まれて、分配するよりもはるかに投資家にとって有利になるからです。

投資信託にはグローバルソブリンのような、毎月分配型のものもありますが、これは運用利回りから分配金を支払うため、元本の複利効果が小さくなります。また、利益で配当の原資を確保できない場合は、元本を取り崩すことになります。

こういう投資信託はもともと長期投資向きに設計されていないうえに、財産を減らすだけなので、買うべきではありません。

インデックスファンドがこれから苦しい理由

年金資金のキャッシュアウトが起こり、債券価格の下落と長期金利の上昇が始まると（一〇三ページ参照）、インデックス運用はこれまでのような好成績を上げることが難しくなります。

われわれのように、企業を選んで投資するやり方をアクティブ運用といいます。これに対してインデックス運用というのは、平均株価などを投資対象とするもので、コンピュータの普及と足並みをそろえるように、一九七二年ごろから徐々に普及してきました。なかでも、米バンガード社の実質的創業者であるジョン・ボーグル氏が一九七六年に始めた、アメリカ初の個人投資家向けインデックスファンド「バンガード500インデックスファンド」は有名です。

では、なぜ債券価格の下落と長期金利の上昇が、インデックス運用を難しくさせるのでしょうか。

それはこういう理由です。長期金利が上昇すると、本当は金融バブルが崩壊した時点で市場から退出すべきだったのに、政府の低金利政策でいまだにしぶとく生き残っているゾンビ企業は、急激に経営が悪化します。そうすると、すぐに経営破たんはしなくても、株式は売られ株価が下落するのは避けられません。

また、金利上昇によって、金融マーケット全体が右往左往の大混乱に見舞われます。これは、値崩れした国債市場から逃げ出した大量の資金が流れ込む株式市場でも同様です。つまり、株式市場全体が潤うわけではなく、金利上昇などものともしない一部の安定した企業の株は上がる一方で、そうでない企業の株は下落の一途をたどるという濃淡が鮮明になるのです。

ところが、**インデックス運用だと、組入れ銘柄は、指数に採用されている銘柄を自動的に**

選ぶので、ゾンビ企業や不安定企業を探し出して排除することができません。それゆえ、これまでのような高いパフォーマンスは期待できないのです。

その点、アクティブ運用は、もともと自分たちで個別銘柄を選んで投資するスタイルですから、株式市場が混乱していても直接影響はないといえます。

ただし、アクティブ運用だからといって、金利上昇で混乱した市場でも必ず好成績を上げられるというわけではありません。ファンドマネジャーの運用がへたくそなら、インデックスファンドに負けることだってもちろんあります。

今後は、アクティブファンドどうしでも、運用成績にこれまで以上の大きな差がつくようになるでしょう。もちろん、われわれさわかみファンドは、恐るるに足らずです。

真のプライベートバンキング・サービスとは？

最近、投資信託はプライベートバンキングとどう違うのですか、という質問をよくされます。日本にいったいどれくらい本当のプライベートバンキングが存在するのかわかりませんが、せっかくの機会なのでここで簡単に説明しておきます。

ちなみに、このプライベートバンキングを一九七九年に初めて日本に導入したのが、当社の澤上です。そのときはまだ、プライベートバンキングという言葉自体が日本語になっておらず、どう訳せばいいかかなり頭を悩ませたといいます。「個人富裕層に対する特別サービス」といわれても、たしかに当時の日本人にはなんのことかよく理解できなかったでしょう。

いまではどこの大手都銀も、プライベートバンキング・サービスを行うようになりました。果たしてそれが本当に、プライベートバンキングの役割を果たしているかどうかはともかく、言葉だけは確実に浸透したようです。

相当額のお金を預けておけば、あとは専門家がそのお金を高い利回りで運用してくれて、おまけに税金対策やら、プレミアム付きコンサートの手配やら、そういった特別サービスをしてくれる――。おそらく、普通の人のプライベートバンキングに対するイメージは、こんなものではないでしょうか。

実は、プライベートバンキングの本質は、そういった特別サービスとは別のところにあります。五十年、百年という長きにわたって顧客とつきあい、資産を保全しつつ増やしていく。これこそがプライベートバンキングの存在理由です。

それだけ時間軸を長くとると、その間には資産が危険にさらされるような事態に、必ず何度か遭遇します。

その最たるものが戦争です。ひとたび戦火に見舞われれば、個人の財産などひとたまりもありません。

次がインフレ。いくら莫大な資産があっても、ひとたびインフレが起こって通貨の価値が下落したら、もし現金だけであればその価値は一気に損なわれます。

その次が、社会的混乱。反政府テロや難民の流入、あるいは大地震などの天変地異で社会秩序が失われれば、資産を安全に確保できる保証はありません。

さらに、景気悪化や金利変動によっても、資産家の財産は脅かされます。

このように生きているかぎり、自分では避けようのない事態に巻き込まれることがあり得ます。そうなったとき、なんとかしてくれと国に泣きついても、たいていの場合どうにもならないのは歴史が証明済みです。

最終的には自分の財産は自分で守るしかありません。そのとき、パートナーとなってその手伝いをしてくれるのがプライベートバンクなのです。

そういう意味では、現在日本の銀行がやっているプライベートバンキングが本当にその役割を果たせるのか大いに疑問だと言わざるを得ません。富裕層から高額の手数料をせしめることを目的にしているようにしかみえないところも多々あります。たとえば、明日四十年ぶりとなる長期金利の高騰が起こったら、ほとんどのバンカーはそんな経験をしたことがないわけですから、どうしていいかわからず銀行は大混乱に陥るでしょう。顧客の資産を保全しつつ増やすどころではなくなっているはずです。

私は、プライベートバンキング本来の機能を求めるなら、長期保有型の投資信託を利用したほうがいいと思います。投資信託なら銀行の経営不安に巻き込まれる心配はありません（七二ページ参照）。

ちなみに、成熟経済の日本に明るく希望に満ちた未来をもたらすと同時に、個人の財産も増やしていくことを目的に設計されているさわかみファンドは、まさに一般の人向けのプライベートバンキングといえる投資信託です。

保険では資産運用をしない

金融商品には保険もあります。そして、日本人は投資よりも保険のほうが重要だと考えがちです。

たしかに、一家の大黒柱であるお父さんにもしものことがあって突然収入が途絶えたら、残された家族は経済的困窮を余儀なくされますから、そのもしもに備えて生命保険に入っておくのは悪いことではありません。また、学資保険に加入しておけば、子どもが将来進学や留学するとき助けになります。

要するに、万が一のときの備えというのが保険の役割なのです。ということは、子どもが独立して夫婦二人だけの生活になったら、学資保険はもちろん、生命保険ももうそんなにたくさんは要らないはずなのです。そこで、ある程度の年齢になったら、保険料は減らして減らした分は投資にまわすというのが、賢いお金の使い方だといえます。

ここで**注意しなければならないのが、積立型のような資産運用も兼ねた保険**です。毎月一定額の保険料を支払っていれば、その期間は保険が適用となり、おまけに満期になれば支払った保険料が戻ってくるので、一見するとお得な金融商品のように思えます。

でも、実はそうではないのです。この手の保険の場合、保険会社は加入者の保険料から先に保障分と諸費用を確保しておいて、残りを運用にまわすのです。運用成績も専門の運用会社に比べると、かなり見劣りすると言わざるを得ません。

結局のところ積立型の保険であっても、そのメインは保障であって、運用部分は添え物でしかないのです。しかも、保険商品は設計が複雑なので、支払った保険料がどう使われているかを一般の人が理解するのは至難の業。損をしていても、にわかにそれがわからないようになっているのです。

それに、日本は他の先進国に比べても社会のセーフティーネットがしっかりしているので、保険の必要性はそれほど高くなく、しっかり資産運用をやっていれば、十分それで対処できると私は思います。

現在、積立型保険に加入して、毎月かなりの保険料を支払っている人は、一度自分の保険を見直したほうがいいでしょう。とくに子育て世代を卒業した人は、保険は掛金の安い掛け捨て型にして、運用は長期運用型の投資信託で行うことをおすすめします。

「お金を貯める」から「お金をまわす」へ

アベノミクス効果で株価は上がったものの、日本の景気はなかなか良くなりません。なぜだと思いますか。

いちばんの原因は、人々の不安感だと思います。この二十年の日本をみると、たしかにデフレが続いて経済は停滞し、企業からも、世界をあっと言わせたウォークマンのようなヒット商品が、次々と生まれるという状況ではありませんでした。

しかし、それは日本人が勝手にそう感じているだけであって、海外からみればやっぱり日本はすごい国だと思います。景気が悪いといっても企業の倒産や工場の閉鎖が相次いで、街には失業者があふれかえり、毎日のようにデモが起こるようなことはなく、みなちゃんと食事をし、お酒を飲んで、風呂に入れる生活をしています。ヒット商品こそないものの、日本企業の部品がなければｉＰｈｏｎｅだってつくれないのです。

実質経済はたいして傷んでいないのに、人々は不安だ、不安だと口にする。いったい何が不安なのでしょう。

将来の自分の生活が不安なのです。どうやら上の世代のように豊かな老後を送れるだけの年金が、自分たち現役世代はもらえそうもないという現実が、不安でたまらないのです。

老後に備えなければいけない。無駄なお金は使えない。

そう思って消費を控え、せっせとお金を貯めこんでいたら、経済の現場にはちっともお金がまわりませんから、景気が良くならないのは当たり前なのです。

しかも、預貯金ではいつまで経っても不安を払拭できません。まず増えない。郵便局に一〇〇万円預けておいても、利息は年間わずかに二〇〇円です。また、仮に一億円もっていたとしても、お金は使った分だけ消えてなくなるという考え方をしていたら、やっぱり不安でなかなか使えないでしょう。よく三〇〇〇万円や五〇〇〇万円もの大金を残して亡くなるお年寄りがいますが、結局そうなってしまうのです。

不安から逃れる手はただ一つ。それは、お金にも働いてもらうことです。

それには、お金を投資にまわすのがいちばんです。

いま不安で握りしめているお金の一部を思い切って手放して、将来、いまより暮らしやすい世の中をつくるのに貢献してくれる企業に投資をする。あるいは、そういう理念で設計された投資信託を買っても同じことです。

あとは、株が安いときに買って高くなったら少しずつ売るということをゆったり続けていれば、国の年金などあてにしなくても、年金の代わりになるリターンと、暮らしやすい世の中という二つが同時に手に入るのです。

たとえ少子化が進んでも、日本には一億人のマーケットが確実に残ります。一方、中国や東南アジア諸国など新興国の成長は続くので、日本の輸出企業も当然その恩恵を受けます。国債暴落やインフレなどの恐れはありますが、何があっても企業活動と人々の生活はなくならないのですから、心配は要りません。

経済というのは企業活動と人々の生活で成り立っているのですから、人々と企業の間でお金がちゃんと回っていれば、経済は拡大していくのです。

お金は抱え込んでいると不安が増すばかりです。貯めないで投資にまわしてください。いまならまだ余裕で間に合います。

巻末対談

長期投資で「経済的自立」と「いい社会」を同時に実現しよう

澤上篤人×草刈貴弘

写真：永井浩

さわかみファンドの信託報酬は高い？

草刈　本書では、のんびり投資＝長期投資とは何か、なぜいま長期投資が必要なのかという話を、ここまで手を替え品を替えて澤上会長と私で説明してきました。「長期投資の良さはわかったけど、本当に説明どおりにいくのか」「長期投資を実践しているさわかみファンドは、いったいどの程度実績を出しているんだ」、ここまで読んで、そんな疑問を抱いている読者の方もいるかもしれませんね。

澤上　そういう人は、日経新聞が毎週日曜版か月曜版に掲載している日本を代表する大型投信ファンドの欄をみてみてよ。基準価額が設定当初の一万円を割り込んでいるのが半分以上だ。そんななか、さわかみファンドは常に好成績を上げている。先月（二〇一五年十月）最終週なんて基準価額が二万円を超えているのは、四六本中なんとさわかみファンド一本だけ。二番手が一万八〇〇〇円台で、その他八本が一万円ちょぼちょぼ。残りの三六本は一万円を大きく下回るありさま。

ね、長期投資ってこんなものよ。われわれの話が間違っていないってことは、この数字がちゃんと証明してくれている。まあ、さわかみファンドの実力は、まだまだこんなものじゃないけどね。

ときどきさわかみファンドの信託報酬一％プラス消費税は、一般のインデックスファンドに比べて高いという人がいるけど、そういう人たちもこの結果をみてもらいたい。その上で、文句なりいってほしい。

インデックスファンドはコンピュータで文字どおり機械的に投資先を決めているだけなんだから、コストなんてたいしてかからないよ。でも、こっちはアクティブファンド。何人ものアナリストが企業のことを徹底的に調べたうえで、よし、大丈夫とかつては私が、現在はＣＩＯ（最高投資責任者）の草刈が太鼓判を押せる企業にだけ投資しているんだから、コストがかかっている。本当は一％だってギリギリなんだ。

それに、信託報酬は毎日三六五分の一ずつ基準価額に織り込まれていくもの。その基準価額、つまりさわかみファンドの二万二〇〇〇円は、日経平均やＴＯＰＩＸなどインデックスに対し二倍の差をつけてしまっているんだよ。高いとかいう一％の信託報酬を支払ったうえでだ。信託報酬が高い低いだけを取り上げるのは、まったく意味がないんだ。

迷いや不安な気持ちがあったら応援できない

草刈　よく、どういう基準で投資先の企業を選んでいるのかとか、どうやって割安株を見つけているのかといった質問をされます。何か特別なことをやっていると思われているのかもしれませんが、別に企業秘密なんてないですよ。生活者として応援したい企業に投資している、基本はそれだけです。

朝起きて、電車に乗って会社に来て、打合せでコーヒーを飲んで、昼には仲間と近くのレストランでランチを食べて、夜家に帰ったら風呂に入って、テレビを観ながらビールを飲む……。誰もがそういう日常生活を送っています。そして、その日常生活は、さまざまな企業の活動によって支えられているわけです。

そんな生活に欠かせないモノやサービスを供給してくれている企業というのは、なくなるとたいへん困ります。それはそうですよね、テレビもビールもそこにあるという前提で、生活が成り立っているのですから。

私たちは、そんな現在の生活を支えてくれている企業、そして、私たちにもっと素晴らしい将来の日常を提供してくれる企業を選んで投資をしているだけです。

澤上　そういう企業が投資先としてはいちばん安心なの。なくなったら困るとみんなが思っているんだから、つぶれっこないもんね。

草刈　もちろん経営数字もみるし、いろいろな角度から企業の安定度や将来性の検証もします。企業のすべてを理解することはできませんが、お客さまの大切なお金を預かって運用しているのですから、間違いのないようリサーチは徹底的にやります。

以前、ある企業が投資先の候補に挙がりました。そこは誰もが知っている商品をつくっていましたが、半導体業界特有の厳しい環境にさらされていたので長期投資家の出番だと考えました。直接インタビューさせていただいた経営者も、非常にしっかりした経営理念の持ち主で、経営に対しても前向きな姿勢で臨んでいることが、話の端々から伝わってきました。

しかし、最終的には、その企業への投資は見送ることにしました。惜しいとは思ったのですが、どうしても投資には踏み切れなかった。本社を訪問時に感じたいくつかのことが、心に引っ掛かっていたのです。

オフィスから出てくる従業員の靴が汚れている。受付の横に段ボール箱が無造作に積まれ誰も片付けようとしない……そういう「ちょっとこれは」と思われるような部分が、会社を訪れるたびに目に入るのです。そんなことぐらいと思われるかもしれません。たしかに、それらはいずれも直接業務には関係ないささいなことです。

しかし、ささいなことが目に入らないというのは、会社や社員に対する経営者の目配りが足りないからでしょう。目には入っているのだけれど、そんなことは気にならないというのなら、その経営者は経営センスが欠けているということになります。

他のファンドマネジャーは知りませんが、企業から受ける印象や直感は、私たちにとっては絶対に無視できない重要な要素なのです。

澤上　それはまったく草刈の言うとおり。だって、よし、この企業を応援すると決めたら、調子がいいときだけじゃなくて悪いときも応援するんだからね。長期投資は応援投資、それはパートナーになるということなんだから。それには、相手に全幅の信頼がおけるというのが大前提。ちょっとでも迷いや不安な気持ちがあったら、株価が暴落して他の投資家が焦って売り始めたとき、平気な顔で応援買いなんてできないよ。逆に、応援し続ける自信がないなら、最初からその企業の株は買わないほうがいい。

さわかみファンドは日本企業以外に投資しない？

草刈　さわかみファンドが日本株にこだわっている理由もそのあたりにあるんです。ファンドとして制限しているわけではないので、海外企業に投資しようと思えばできる設計にはなっています。でも、いまのところ投資先は日本企業だけです。

日本企業の株がずっと割安のまま放置されてきたというのが理由の一つです。もう一つは、海外企業は日本企業ほど身近ではないので、投資を判断するだけの十分なリサーチがなかなかできないという点がネックになっています。やっぱり、日ごろからその企業の商品やサービスを利用していないと、感情を込めて応援できるところまではなかなかいきません。

澤上　長期投資をするというのはその企業の応援団を買って出るということだから、どうしてもそうならざるを得ない。

草刈　先月も、あるアメリカ企業のCEOと話をする機会があったのですが、やっぱりお互い理解して信頼しあうのは難しいなと、そのときも感じました。

まず、アメリカの企業だと、ちょっと気になることがあっても、「あれどうなってるの？」とすぐに経営者に会いにいって確認することができないという物理的な問題があります。

もう一つは文化の違い。アメリカの企業ってどこも配当を多く出すんですよ。私たちからすれば、「そのお金はもっと将来のための研究開発にまわしましょう」と絶対いいたくなるじゃないですか。ところが無理なんだそうです。そうしたくてもアメリカでは他の投資家が絶対納得しないし、自分には説得できる自信もないと、そのCEOも嘆いていました。

澤上　配当をたくさんもらったほうが、そりゃ投資家としては嬉しいわな。でも、企業からどれだけたくさん分捕れるかっていうのはマネーゲームの発想じゃん。われわれがやるのは長期投資。いまだけ儲かればいいとは考えない。いい社会をつくるために企業とは長くつきあっていく。アメリカの投資家がやってるマネーゲームなんて興味ないよ。

草刈　そのあたりの考え方は、私も会長もまったくぶれていません。ですが、これからも日本企業にしか投資しないと決めているわけでもないのです。

さわかみファンドの組入れ企業の中には、連結ベースにすると国内の売上は全体の二割、残りの八割は海外というような企業もけっこうあります。そういうところは、日本で創業したというだけで、実体はグローバル企業ですから、実際には、すでに日本企業という枠を超えてグローバル投資をしていると言ってもいいかもしれません。

それから、日ごろ何気なく使っている商品を、実は海外企業がつくっているというケースもあります。こういう企業を、今後投資先に加える可能性は大いにありますから、知らないうちに海外の企業を組み入れているかもしれません。

澤上　われわれのような長期投資家を求めて海外から日本に来るというなら、そういう企業はもちろん大歓迎だ。

新興国の企業への投資をどう考えるか？

草刈　バリュー投資なら日本よりも新興国の企業のほうが、株価ののびしろは大きいからより大きな利益を上げられるのではないか。これもよく言われることです。

その可能性もなくはありません。ただ、新興国というのはだいたい政情が不安定で、政権が変わった途端に取引のルールも変わるというようなことがしばしば起こります。また、法律の整備が遅れていたり、契約に対する意識が低かったりするため、日本ではあり得ないようなトラブルに巻き込まれることも想定しておく必要があります。そういうさまざまなリスクを考えると、安易に投資はできないと思います。

澤上　新興国への投資なら、売上の大きい順に上から五〇〇銘柄くらいバーッと買ってみるという手はある。そのうち四五〇銘柄は市場から消えちゃうよ。だけど残った五〇銘柄がびっくりするくらい成長する可能性がある。こういう投資のやり方はたしかにある。でも、われわれはやらない。だって、そういうのはいってみればギャンブルじゃん。さわかみファンドがやっているのはあくまでも本物の長期投資。ただ儲かればいいってもんじゃないんだ。世の中を良くしようというこちらの期待に、全力で応えてくれる企業じゃないと応援はできないんよ。

草刈　宝探しのようなものですよね、新興国への投資って。それでもたまたま出会った経営者がすごく信頼できる人で、やっているビジネスもすごく魅力的だったら、宝を掘り当てたと思って投資するかもしれません。

澤上　でも、やっぱり難しいな。新興国にもかつての住友金属工業（現：新日鐵住金）やコマツ、クボタのような企業はあるかもしれないよ。住友金属工業なんて三九円まで買い下がって、六年間辛抱して七〇〇円を超えたもんね。なんでそういう企業の株を買えたかというと、それは近くにいてずっとがんばっている姿を追いかけることができたからなんだ。それで、ああ、この企業の良さはこの先社長が代わろうが失われることはないな、そういうDNAをこの企業はもっているんだってわかった。そういうのが投資の決め手になるんだ。新興国の企業じゃそうはいかないよね。

草刈　そうですね。DNAというのは言ってみれば企業文化や社風のようなものでしょう。それらは外部の人間には、そう簡単にわかりません。時間とともに企業に染みこんでいくものでもあります。そういう意味でも新興国の歴史の浅い企業は、投資しにくいといえます。

それに、新興国だと往々にして、企業文化自体が育っていません。中国なんてその最たるもので、いまでもまだ、企業は家族や自分たち一族のものという「血」の意識が非常に強いじゃないですか。そういう事例がいくつも耳に入ってくると、どうしても投資には二の足を踏んでしまいます。

投資に大事な企業ＤＮＡの見極め

澤上　ただ、これは草刈もそのうち経験するかもしれないけど、せっかくいいＤＮＡを受け継いでいながら、そのＤＮＡが途中で変わってしまう企業もある。

ヒューレット・パッカードってあるだろ。創業者のウィリアム・ヒューレットとデビッド・パッカードが経営していたころは、〝ＨＰ　ＷＡＹ〟といって、社員どうしが互いに尊敬し、信頼し合うという文化をもった理想の会社だった。それが、経営者が代わるうちにだんだんおかしくなってきて、いまではまったく別の会社になってしまった。あんなに素晴らしい会社だったのに……。ソニーだってそうだろ。かつては技術のソニーって言われていたのに、いまはすっかり文系の会社だ。ソニーというブランドが残っているだけじゃん。

われわれ長期投資家は、企業を応援しながらも、そういうＤＮＡの変化には常に目を光らせておく。それで、あれ、おかしくなってきたなと思ったら、「いい会社のＤＮＡをがんばって守っていこうよ」とその企業に気づかせて、奮起を促すということもやらなければならない。そうやって、企業と二人三脚で同じ方向に進むのが投資家なんだよ。

そういえば、最近ホンダはどう？

草刈　ホンダのＤＮＡは健在ですよ。財務や経理の人と話をしても、技術のことがちゃんとわかっているのには驚かされます。

ホンダでは管理部門に配属になる人も、入社して最初の何カ月間は工場で、現場の人たちと一緒に油だらけになって、部品の組み立てをやるんだそうです。だから、若い女性に質問しても、数字一つひとつの意味がちゃんと理解できている。それで、それはこういうことですと、さらっと答えられるのでしょう。さすがはホンダですね。

澤上　トヨタはいい意味で変わった。若い人は知らないと思うけど、昔は「技術のニッサン、販売のトヨタ」といわれていて、トヨタの技術レベルははっきりいって低かった。いまは反対に技術に力を入れて「クルマ野郎」に徹している。あれはあれでいいよね。

草刈　最近の車は軽量化のためにボディやバンパーは金型に溶かした樹脂を押しつけてつくるんですけど、トヨタの最新工場では発想を転換して、何百キロもある金型を樹脂のところに自動的に移動させていました。このやり方だと、金型を変える時間が節約できるし、五車種の混合生産が可能になるので、とてつもない生産性の向上につながったようです。右ハンドル車用も左ハンドル車用も同じラインでできる工場なんて、他の自動車会社ではあり得ないでしょう。なんとしても国内生産年間三〇〇万台体制を守るというアナウンスは、単なる意気込みだけではないんだということが、あれをみてよくわかりました。

澤上　しかも、そういうのを公開しているよね。競争相手に工場を見せても平気。日本の自動車会社は近い将来中国に抜かれるなんていう人もいるけど、そんなことは絶対ないね。ちょっとやそっとじゃあのトヨタは抜けないよ。

草刈　DNAの変化の兆しってどんなところに表れるものですか。

澤上　やっぱり長くみていないとわからないね。ソニーの場合は、何かの拍子に役員名簿をみて「あれ、技術系の役員いないじゃん」と気づいたのが七〇年代の終わりごろ。そこから気をつけてみていたら、その後は大賀典雄さん、出井伸之さんと技術屋じゃない人が社長に就くようになって、そのうちハワード・ストリンガーでもうわけがわからなくなっちゃった。久しぶりの技術系役員として注目した久夛良木健さんがいたらなんとかなったかもしれないけど、追い出しちゃったでしょ。

ただ、長いことやっているわれわれでも、企業のＤＮＡがいつも正確に把握できているわけじゃない。ましてや一般の人がそれを知るのはやっぱり限界がある。この本でも、「新聞記事を二十年分読んで、その会社が世間に対して公表してきたことを、責任もって実行してきたか検証する」という方法を紹介しているけど、それでも、現在もそのＤＮＡのままなのか、本当のところは確かめようがない。

だから、最後は感情でいい。なんとしても応援したい、暴落時にも株を買える自信があると「心から思えるかどうか」で投資を決めるのが、実はいちばんたしかなのよ。反対に、ちょっとでも不安があるなら、そういう企業は応援リストから外す。

わからない会社の株には手を出さない、これも投資の鉄則の一つなんだ。

長期投資の成否は、「下げ相場にどう対応するか」で決まる

澤上　マネー誌をみるとよく「株初心者のための銘柄選び」とか「狙い目の割安株から始

めよう」とかいった特集が組まれているけど、こういうのは真に受けないほうがいいよ。どの株がこれから上がるとか、安心して買えるとか、そういう話ははっきりいってレベルが低すぎる。投資の基本は長期投資。安く買って高いときに売る。それだけ。

株式投資するなら、感情丸出しで自分が応援したい企業の株を買えばいいじゃない。だって、そういう企業は自分も日ごろから売上に貢献していて、なくなると困るわけでしょ。だったら応援しようよ。それを雑誌に書いてあったか何か知らんけど、何が悲しくて、縁もゆかりもない企業の株を買わなくちゃならんの。

値上がりしそうな株ならどれでもいいといっている投資家は、株式市場が悪化したときのことを全然考えていない。暴落相場で自分が保有している株が値を下げ始めると、慌てふためいて株を売っては、「損した」「投資は危ない」って文句を言うのが目に見えている。

本当に応援したい企業の株主なら、そういうときこそ買いを入れる。われわれは応援団の真打ちだから、他の人が売るときは、バーゲンセールだと思ってニヤニヤしながら買いまくる。だって、どうせつぶれっこないんだからね。みんながなくなると困ると思っている企業はつぶれない。当たり前だよ。だから暴落しても安心して買えるの。

そのうち状況が良くなってくると、今度はにわか応援団が登場してきて、その会社の株に買い群がる。そういうのがたくさん出てきたら、応援は一時彼らに任せて、われわれは薄く薄く売り上がっていく。長期投資で応援するといっても、ずっと株をもちっぱなしじゃなくてもいいんだ。売るときは売っていい。

にわか応援団はしょせん「にわか」だから、しばらくするとひっくり返るじゃない。そうしたら真打ちは、「さあ、また俺たちの出番だ」と、安くなった株を買う。前に高値で売っているから軍資金もあるわけだ。

これを十年、二十年続けてごらん。すごい資産ができていくから。

草刈　長期投資のいちばんのリスクは、株価が下がったときに動揺して、売ってしまうことなんです。そこで平常心を保って応援買いすることができれば、長期投資はうまくいきます。ところが、儲かりそうだとか割安だとかいった情報に踊らされて株を買っている人は、これができません。下げ相場で耐えられないんですよ。だから、自分が応援したいと本気で思える企業に投資することが大事なんです。

長期投資を始めるのは早ければ早いほどいい

澤上　長期投資っておもしろいよ。暴落して安いところで買うじゃない。そうすると株価が戻してきたら、もういつ売っても儲けなんだよね。この感覚がわかってくると、だんだん腰が据わってくる。黙っていてもお金が働いてくれるから、将来が不安だ、不安だと悩まなくてもよくなる。のんびり投資ってこういうことなの。別に投資の勉強もしなくていい。リズムさえ崩さなければいいんだから楽だよね。

ただ、この感覚というのは、本を読んだだけじゃなかなかわからないんだ。

草刈　当社では定期的に、さわかみファンドを十年以上保有してくださっているお客さまを対象にした感謝会をやっています。そこでいろいろ話を聞くと、会長の言っていたことの意味が、十年経ってやっと理解できたという人がけっこういるんです。長期投資の威力や醍醐味がわかるようになるには、ある程度時間がかかるんです。

澤上　だからね、本当にそんなにうまくいくのかなとまだ疑っている人は、いつまでも考えてばかりいないで、まず自分でやってみることだ。個別株に投資するのなら、一銘柄でも二銘柄でもいい。まとまったお金がないなら、きちんと長期投資してくれる投資信託でいいんだよ。

そう遠くない将来、国債暴落やインフレに見舞われたら、日本国債を腹いっぱい抱えている銀行なんてどうなるかわからないし、ペイオフが額面どおり機能するかも怪しいものだ。その点、われわれは、世の中からなくなったら困る企業にしか投資していないし、投資信託の資産というのは法律で何重にも守られているのだから、心配することはなにもない。そういうこともやっているうちにだんだんわかってくるから、とにかく体験してみてほしいんだ。

もちろんすぐには結果は出ないよ。でも、焦ることはなにもない。皆が売っているときに買っておいて、あとは応援する企業の成長を楽しみにみていればいい。そうすればいま草刈が言ったように、十年後、二十年後、自分の資産をみて「ああ、澤上の言ってたのはこれだったのか」と必ず実感できる日が来るよ。

草刈　当社のお客さまも、会長の本を読んだとか、友人に薦められたとか、さわかみファンドを始めた動機は人それぞれです。たぶん、ほとんどの人は、最初は半信半疑だったんだと思います。でも、誰もが時間の経過とともに、だんだんと確信に変わっていくみたいです。だって、何もやらなかった場合と比べてみたら、圧倒的な差が出ているわけですから。

澤上　だからね、とにかく気がついた人から長期投資を始めてみてよだ。個別株でもわれわれのような投資信託でもいいから。それで、こういう世界もあったんだということを、一人でも多くの人がその身で味わってほしいというのが、私の切なる願いです。

それから、一つだけ注意しておくけど、途中で色気を出してもう少し安く買おうとか、できるだけ高く売ろうとかはしないこと。ちょっと儲けが出てくると、みんなすぐにそういうことをやりたがるけど、それをやり始めると相場追いかけのマネーゲームになってしまう。この誘惑が長期投資にとっていちばんのリスクだろうね。

流行りの投資には乗らないこと

草刈　流行になっている投資には手を出さないほうがいいということも、ひと言付け加えておいたほうがいいですね。そう思いませんか。

澤上　そのとおり。いまなら不動産がそうだね。賃貸用のアパートを建てて高利回りを確保しましょうなんて本がたくさん出ているけど、少子化で人口が減っていて、空き家も増えているという状況で、これから賃貸不動産に投資して本当に儲かるのか、それも二十年三十年にわたって。いったん冷静になって考えたほうがいい。煽《あお》っている人はどこまで将来を読み込んでやっているのかわからないけど、流行に乗ってわからないまま手を出した人が、食いものにされるのは目に見えている。

草刈　投資信託も同じです。シェールオイルとかソーラーパネルとか、流行りのテーマのものはすべてダメだと思ったほうがいいくらいです。

まず、そういう投資信託は、応援する価値があるとか大きく成長が見込めるというのではなく、単に「こういうテーマなら売れそうだ」という、販売側のマーケティング戦略によってつくられている可能性がかなり高い。それから、すでに人気になっているというのは、投資をするタイミングではないといえます。たとえば、太陽光発電を手掛ける企業に投資するなら、「あんなところに土地を買って、ソーラーパネルを並べてバカじゃないの」と周りから思われているときに投資するから、あとで大きなリターンを得られるのです。ブームになってから投資したって、いいパフォーマンスなんて期待できませんよ。

いつの時代もプラスサム志向の投資家が最後に勝つ

澤上　分配型の投資信託もやめたほうがいいね。日本では、毎月とか隔月の分配金を売りにしている投資信託が人気だけど、とてもじゃないがお客さまのためにつくられた商品とはいえないいしろものだ。

草刈　毎月分配金を出したら、ファンドのパフォーマンスは上がりにくいし毎月税金をとられるだけです。

澤上　その分配金も、昔は運用益から投資家顧客に戻していたから、まだまともな金融商品と言えた。けど、分配金が高いほうが売れるというので、十年くらい前から元本を取り崩して分配金の原資にする商品が出てきた。これってタコが自分の足を食べているのと同じことだろ。しかも、その名前が特別分配金というのだから、何をか言わんやだ。

それで販売しているほうはというと、顧客が毎月の分配金を望んでいるから、自分たちはそれに対応しているだけと開き直っている。

だいたい毎月の小遣いがほしいなら、自分の預貯金を引き出せばいいじゃない。なんでわざわざ高い手数料と信託報酬を払って投資信託を買い、その元本を取り崩して、さらに税金まで払って分配金をもらわなければならないのさ。これって絶対おかしいよ。

そういう元本を取り崩すだけの投資商品を設計したり販売したりしている人たちの気がしれない。彼らは、「非情だろうが強欲だろうが、自分たちは金融庁に認められた投資商品で堂々と商売しているんだ、この世界は儲けた者、成績を上げた人間が勝ちなんだ」という価値観の持ち主なのだろう。

私に言わせれば、そういう人は大きな勘違いをしている。投資の本質というのはパイの分捕り合いというゼロサムではなくて、パイそのものを大きくしているプラスサムにあるということが、まったくわかっていない。

自分さえよければいい、「あとは野となれ山となれだ」というやり方を続けていたら、いずれ収奪しようにも「もう土地がない」という日が来る。そうなったらそれまでの貯えなんてすぐに底をつき、やがて自分も腹を空かせて荒れ地をさまよい歩くようになるのだ。

それよりも、畑を耕して広げていき収穫を殖やせば、周囲の人も自分もともに幸せになれる。これが投資なんだよ。

だから、投資をする際は、倫理観と節度を忘れてはならない。自分だけが利益を独占しようなんてもってのほか。いつでも、この社会を構成しているみんなが幸せになるためにはどうしたらいいか考えてお金をまわそうとするのが、正しい投資家の姿勢である。

私は、かれこれ四十年以上も投資運用の世界で飯を食べさせてもらっているけど、いつの時代も最後に勝つのは倫理観と節度をもったプラスサム志向の投資家だ。それが市場の掟だといってもいいだろう。

特別分配金なんて欺瞞《ぎまん》は投資を冒瀆《ぼうとく》するものであって、決して許しちゃいけない。ようやく金融庁も動いて、特別分配金っていう名前は元本払戻金という名称に変えさせられた。

まあ、いま分配型投資信託を買っているのは高齢者だから、あと十年もすれば自然になくなるだろう。次の世代は、そんなにお金に余裕がないからね。できれば、そのころは長期投資が主流になっていてほしい。きっとそうなるよ。

長期投資なら複利効果のすごさを実感できる

草刈　長期投資の話を若い人とすると、まだ投資するほどの余裕がないという答えが返ってくることが多いですね。

澤上　もったいないね。二十代の人は三十代や四十代になったら余裕ができると思っているのかもしれんけど、できないよ。せいぜい五十代後半からじゃないかな。でも、三十年も無駄にすることはないよ。長期投資家にとって時間というのは最大のエネルギーなんだからね。いますぐ始めようよ。

草刈　堅実な人ほど、長期投資よりも将来に備えて預貯金をしたほうがいいと思っているみたいです。高度成長期のように年六〜七％の金利だったら、銀行や郵便局に預けておいても、十年で倍近くなりましたから、それでよかったでしょう。しかし、現在の預貯金金利はわずかに年〇・〇二％、利息なんて一〇〇万円預けていてもＡＴＭの利用手数料以下じゃないですか。

澤上　年利七％で複利計算すると、十年で元金がだいたい倍になるのよ。これは「七二の法則」（五八ページ参照）というんだけど、これくらいは覚えておいたほうがいいね。

草刈　それに、先ほど会長も言われたように、国債が暴落してインフレになったら、預金の価値は一気に目減りしてしまうし、銀行の経営自体も危うくなって、自由に引き出せなくなるかもしれません。それでも銀行預金が安全だと信じられるというのは、かえって不思議な気がします。

澤上　まじめな人というのは、預貯金で金利の恩恵を受けた親とかの世代に、お金は郵便局や銀行に置いておくのがいちばん安全で得と言われたのを、真に受けちゃうんだろうね。そういうのはまじめというより思考停止というんだけど、まあ、預貯金よりも長期保有の投資信託のほうがよっぽど安全だという話はこの本にもさんざん書いたから、まずはそこを読んでみてよ。

時間はエネルギーというのは、こういうことなんだ。さわかみファンドの設立は一九九九年八月。もし最初から毎月一万円ずつさわかみファンドに積立投資をしていたとしたら、十六年と三カ月間で一九五万円を長期投資に当てたことになる。さて、その人の資産はどうなったかというと、なんと三五〇万円になっているんだ。複利の年率でいうと六・六一%。ね、これが長期投資のすごさなんよ。

じゃあ、この調子でもう十年、二十年長期投資を続けたら、あるいは積立金額を二万円、三万円と引き上げたらどうなる。想像しただけでわくわくしてこない？　一九五万円を安全な銀行に寝かしておいたって、利息は一年で四〇〇円にも届かないんだよ。

目指すべきはファイナンシャル・インディペンデンス

草刈　将来これまでのように年金が支給されることはまずないわけですから、若い人ほど時間のエネルギーを有効に使って、自分年金をつくってほしいんですよね。

澤上　目指すべきは、ファイナンシャル・インディペンデンス（経済的自立）。お金のことで不安になったり、お金のためにあくせくしたりしないでもいい、お金から自由になった状態のことだ。さて、そのためにはいったいどれくらいのお金があればいいのだろう。一億円？　一〇億円？

実は、長期投資を続けていれば、そんなに大きな資産がなくてもファイナンシャル・インディペンデンスを実現できる。なぜかというと、お金が働いてくれるからだ。

安く買って高くなったら売る、これをリズムよく繰り返していけば、利益がどんどん積み上がっていく。それがある程度の資産規模までいくと、そこからは複利の雪だるま効果が働いて、増えるスピードに加速度がついてくる。あれよあれよという間に、これぐらいの金融資産があれば安心と思える水準を突破してしまう。おそらくその段階は、みんなが思い描いているより早くくるよ。そうすると、そこから先はファイナンシャル・インディペンデンスの世界。どうせまたすぐに増えるとわかっているから、なんの心配もなくお金が使えるようになる。そうなると人生の幅がどんどん広がって、自由に人生を謳歌することができるようになるというわけだ。

草刈　ひとこと付け加えておきます。ファイナンシャル・インディペンデンスは十分なキャッシュがあれば実現できるわけではないんです。仮に一億円もっていても、それを毎月取り崩して使っていたら、だんだん減っていきますよね。記帳するたびに、もう九〇〇〇万円を切ってしまった、あと八五〇〇万円しかないというふうになると、やっぱり不安がどんどん膨らんでくると思いませんか。つまり、お金だけ貯め込んでも、お金からは自由になれないのです。

しかし、投資ならお金が働いて、お金を稼いできてくれるんです。自分が働いていなくても、自分のためにお金が働いてくれるなら、これほど心強いことはありません。この実感があって初めて、ファイナンシャル・インディペンデンスが実現するのです。

澤上　しかも、そのお金が応援している企業と一緒に、いい社会をつくるために働いてくれている。ここも大事なところだ。だって、いい社会が実現すれば自分もその恩恵を受けられるのだから。

長期投資が世界に与える影響はかぎりなく大きい

澤上　みんなが「長期投資って素晴らしい」ってわかってくると、世界が変わると思わない？

草刈　変わりますよ。もっとおもしろくなる。

澤上　いまの世界経済は、まさしく短期のマネー至上主義だよね。短期志向のマネーが、世界経済の首根っこをつかまえて引きずりまわしている。無機質な数字を追いかけて、あっちに行ったりこっちに行ったり。それでみんなが幸せならいいけど、誰が幸せになっているの。うまく儲けた一部の人たちだけがほくそ笑んでいるだけで、あとはみんなそのとばっちりを受けて迷惑しているじゃん。でも、誰もそれにブレーキをかけられないでいる。それを止める唯一の手段、それが長期投資なんよ。

マネーゲームとは違う、穏やかでどっしりとした価値観に基づいた長期投資のお金のまわし方が、じわじわ世界に広がっていったら、必ずマネー至上主義にストップがかけられるよ。

たとえば、東京の株式市場には長期投資家がたくさんいると知ったら、世界の企業はどうすると思う。ニューヨーク、ロンドン、シンガポール……みんな東京に移ってくるよ。いま企業はどこでも短期志向のマネーにいいようにやられて疲れ切ってる。東京は長期投資家がじっくり応援してくれるとわかれば、まともな経営者なら絶対に東京を選ぶよ。マネー至上主義はもうたくさんと感じているまともな投資家たちも、右にならえで東京に向かう。まともな長期投資マネーと、まともな企業と、まともな人が集まってくるんだから、東京にはものすごい産業が起こること間違いなしだ。

草刈　まさに東京が世界の金融センターになるということですね。世界の金融センターというと、ロンドンのシティのようなところをイメージする人も多いみたいですけど、シティって基本的にはお金持ちのための取引所なんですよ。イギリスの金融政策から事実上独立したタックスヘイヴンになっていて、そこには女王陛下すら自由に入れてもらえないそうです。日本が目指すのはもちろん、そんな一部の特権階級のためのものではありません。長期投資家という絶滅危惧種のための金融センターならぬ投資センターということですよね。

澤上　そう、まさに長期投資家は絶滅危惧種だ。このままだったらマネー転がしの連中に駆逐されてしまいかねない。だから、東京市場の名前は、金融センターよりも長期投資センターのほうがいいかもしれん。

草刈　海外の企業も、私たちのような長期投資家が増えてくることを待ち望んでいるというのは本当です。先日、ある外資系企業の投資家向け説明会に出席したときも、私が「ロングターム・インベストメント（長期投資）のファンドです」と自己紹介すると、向こうの担当者は途端に目の色が変わって、ものすごく熱心に話をしてくれるのです。他のアナリストやファンドマネジャーと対するときとは、明らかに態度が違いました。それだけ長期投資家は世界中で求められているのです。

澤上　短期志向の投資家というのは、儲けろ、すぐに利益を出せとしか言わないじゃん。企業もそれに従っていたら、結局、いつまで経っても短期で部分最適を追い求める経営しかできない。でも、まともな経営者は絶対、全体最適の経営をしたいと思っているんだから、長期投資家が歓迎されるのは当たり前なんよ。

それに、長期投資家が増えればボラティリティ（株価変動率）が小さくなる。株価が暴落してきたら、長期投資家という真打ちの応援団からどんどん買いが入るから、底値が意外に早くつくし、高騰したらしたで今度は適当に売るから、天井もある程度マイルドになる。そうなると企業経営もやりやすいよ。

草刈　長期投資家と、長期投資を求める企業が、世界から続々と東京に集まってくる。そういう地に足が着いた金融立国を、日本は目指すべきですね。

澤上　投資立国ね。長期投資立国。

マネーの量と実体経済が離れすぎているのが問題

澤上　二〇〇八年にリーマン・ブラザーズが経営破たんして、それまでの金融バブルがはじけ、このままでは世界恐慌になると焦った先進諸国の中央銀行が、そろってお金をばらまいた。そのしわ寄せでいま世界経済はひどいことになっている。行きつく先はインフレしかないだろうな。

草刈　どう考えても実体経済に対して流通しているマネーの量が多すぎるんです。だから、たとえば、どこかの農業地帯で大干ばつに見舞われて、世界的な食糧不足が起こったら、米一キログラムが一〇〇〇万円になるというようなことが起こる可能性は大いにあります。そうなったらもう戦争と一緒です。お金なんていくらもっていてもなんの意味もありません。

澤上　いまのところまだハイパーインフレの尻尾はみえていないけど、いつ起こってもおかしくはない。

草刈　インフレよりも、むしろスタグフレーション（不況にもかかわらず物価や金利が上がり続ける状態のこと）が起きる可能性のほうが高いような気がします。もちろん、先のことはわかりません。でも、必ずどこかで帳尻合わせは起きるはずです。

澤上　草刈の言うように、お金が余っていて、実体経済と離れたところでマネーゲームが行われているというのが最大の問題だ。金融は取引だから、売りと買いがそろえば、実体がなくても成り立っちゃう。そこが問題なんだ。

草刈　金融って論理学の世界ですからね。数字を大きくしようとすればどんどん大きくできてしまう。みんなその数字の大きさが価値だと思い込んでいるけど、その裏付けはなんですかって聞かれたら誰も答えられないわけです。

澤上　だからね、そういうマネーゲームはもうやめようなのよ。実体経済に基づいた新しい価値体系をつくろう。だから長期投資なんじゃないの。

草刈　運用とマネーゲームの違いはまさにそこにあります。実体経済に基づいているかどうか。昔の資本家は、必ず実体のあるものに投資していました。鉄道を通す、橋を架ける、工場をつくる……。しかも、それを身銭を切ってやってますよね。だから、なかには失敗して財産を失くしてしまうという人も出てくるけど、お金を投資するというのは、本来そういうことなのです。

澤上　そうそう。命を差し出すぐらいの覚悟でお金を提供した。その代わり、鉄道や橋といった実体経済に基づいているから、自分のお金がどうなったかわからないなんてことはない。結果もちゃんと受け入れられるというわけだ。

いまのマネー転がしの人たちは違う。実体経済からはるか遠く離れて根っこがない。数字しかないんだから、いくらお金をもっていたってそれは不安に決まっているよ。それで、怖い怖いと思って損をする前に逃げることばかり考えているので、腰が落ち着かない。動きも当然早くなる。投資家本来の姿とは似ても似つかない。

草刈　そういう投資家もどきの頭にあるのは、いつだってアービトラージです。値ざやを抜いて儲けることしか、彼らは考えていません。

ときどき、長期投資というと「飲まずに寝かしておいたワインが、十年後に買った値段の一〇倍で売れた」というようなイメージですよねという人がいますが、そういうことではありません。それはワインを寝かしている間に高まった価値を抜いているだけなので、やはりアービトラージです。

ワインというテーマで私たちが投資をするとしたら、たとえば、まだ実績はないけれどものすごく研究熱心で、ワインづくりに情熱をかけているワイナリーです。それで十年後、そのワイナリーから生まれたワインが世界で高く評価され、出荷本数も地域でナンバーワンになっていたとしたら、私たちの投資したお金が何十倍にも増えるだけでなく、美味しいワインというリターンも手に入ります。また、ワイナリーの雇用や、技術開発に貢献したことにもなります。

それだけではありません。ワイナリーの規模が大きくなって雇用が増えれば、従業員の生活必需品を扱う店が周辺にできます。そのワイナリーを見学に世界中からワイン好きがやってくるようになれば、観光客相手のレストランや土産物屋も進出してくるでしょう。そうするとそこでもまた新たな雇用が生まれます。こうしてその地域全体が発展していく。

長期投資というのは、こういうことなのです。単に十年前に買ったワインの値段が一〇倍になったから儲かっただけじゃつまらないじゃないですか。

澤上　投資した企業が成長して、社会全体が良くなるということを、長期投資家はいつも考えているということだね。だから、投資先は企業とは限らないよ。主体は自分なんだから、NPOでもいいし、文化や芸術にお金をまわしても全然かまわないんだ。

バフェットとさわかみファンドの違い

澤上 ウォーレン・バフェット。名前くらいは聞いたことがあるんじゃないかな。世界最大の持株会社バークシャーハザウェイの会長兼CEOを務め、彼自身も五兆円とも七兆円とも言われている個人資産をもつ、世界で五本の指に入る大富豪。しかも、彼はこの巨額の資産をほとんど株式投資一本で稼いできた。アメリカナンバーワンの投資家と言っていい。

このバフェット氏の投資姿勢は、さわかみファンドと非常に近いと言える。まず、長期投資であるということ。それから、投資先の企業とパートナーシップを築くというところも同じだ。

ただし、明らかに異なる部分もある。バフェット氏は、素晴らしい経営者が率いる、長期的な利益成長が見込める企業に絞って投資をしていると公言している。長期的に利益成長できるというのは、それが社会の求める企業だからというのがその理由だ。そういう社会性のある企業に投資をするのが彼の信念。

草刈　バフェット氏というのは、その考え方がどんなときでもぶれない。私は、そこはすごいと思います。

澤上　そうだね。それで、その方針で投資先企業を選んで、結果として大成功しているのだから、何も間違っていないと言ってもいいのかもしれない。

草刈　だが、それでもやっぱりちょっと引っ掛かるんよ。それだけでいいのかなってね。

澤上　それだけとは？

澤上　うん。素晴らしい経営者が率いる、長期的な利益成長が見込める企業が、必ずしもいい社会をつくるのに貢献してくれるとは限らないと思うんだ。

たとえば、金融バブルがはじけたとき、バフェット氏は経営が傾いた大手銀行に投資をして立ち直らせ、後に大儲けしているわけだ。でも、それによって経営失敗で淘汰されるべきだったものをゾンビのように生きながらえさせたとも考えられる。そのため銀行の経営陣は、本来なら追及されなければならない責任を回避できただけでなく、巨額の経営者報酬まで手にした。

片や、米国の国民は、金融バブルで暴れまくった銀行をつぶさせないために国が次々と投じた救済策のつけをまわされて、そこから逃れられない。いまだに続く低金利なんてのもそう。これによって国民の生活は大きな犠牲を強いられてきたんだ。

そう考えると、たしかに投資先は利益成長したたし、彼も儲かったけど、社会は良くなっているどころか、逆に迷惑しているんじゃないか。

さわかみファンドはここが違う。われわれは長期的利益成長だけではなく、いまよりいい社会、そして子どもや孫に明るく暮らしやすい未来を残すのに役立つ企業だけを、ずっと応援していく。そういう確固たる意志をもったファンドなんだ。

草刈　同感です。

長期投資が普及すれば、日本は最高にカッコいい国になる

澤上　寄付がなんで長期投資になるのか説明しておこう。いま日本の郵便局や銀行には、

個人や家計の預貯金マネー八三四兆円が、たいして働きもせずにボケーッと眠っている。そのうちの一%を、たとえば芸術家を育成する基金に寄付したとしようか。一部の大家は別として、ほとんどの芸術家はそんなにお金を稼げないから、みんなギリギリの生活をしている。だから、その一%は確実に画材の購入や消費にまわる。そうすると、八兆円ちょっとだから、それだけで日本経済は約一・七%成長する。その分社会が明るくなるじゃん。

草刈　政府もそのあたりは多少わかっているから、NISA(少額投資非課税制度)で個人の預貯金を株式市場に引っ張り出そうとしているんですよね。

澤上　NISAもまあそれなりに普及はしているみたいだけど、うまくいっているとはいえない。だって、投資している額をみると、六五%が六十歳以上の高齢者。つまり、もともと株式投資をやっていた人たちが、節税になるならいいかと思ってNISA口座を開いただけだろ。その証拠に、二十代のNISA口座の投資額はたった二%だ。

それに、購入した株式の値上がり益や配当が非課税の適応になるのは五年間。ということは、みんな五年以内に売るわけだ。これでは中期や短期の売買を促進するだけ。のんびりゆったり資産を増やす長期投資には、NISAはまったく役に立たない。

個人の金融資産とりわけ預貯金マネーを株式市場に呼び込むのなら、ＮＩＳＡよりも長期投資減税だ。七年以上保有した株式や投資信託の売却益は、無期限で非課税にする。これなら若者も、少額の積み立て投資から始めてみようと思うんじゃないかな。それで、七年経ったら長期投資の効果が実感できる。そうしたらどんどんあとに続く人が出てくるよ。

草刈　そして、そのお金が実体経済にまわって、日本経済を活性化させる。

澤上　お金は貯めておいてもしょうがない。どんどんまわす。まわすことで世の中がよくなっていく。もちろん消費もお金を社会にまわすことだから、どんどん使ってくれたほうがいい。でも、成熟経済となった日本では、消費に加えて、長期投資というのも覚えてほしいんだ。

まず、長期投資をすると、時間の経過とともにお金が増えていく。これは切った張ったのマネーゲームでかっさらってくるのとはわけが違う。コツコツ投資したお金は、企業やその他いろいろなところで新たな価値を生みだし、社会をよくするために使われる。そうやってお金が勝手に働いて、勝手に増えていくんだ。

そのうち、その増え方は加速してきて、気がつけば、これだけあれば十分というところまでくる。これがファイナンシャル・インディペンデンス。そうなると、もうお金の心配をしなくてよくなる。

自分が長期投資をするたびに、社会はどんどん良くなっていくし、将来のファイナンシャル・インディペンデンスに近づいていく。さらに、文化・教育・芸術・スポーツ・寄付・NPO・ボランティア、つまり本当にお金を必要としているところにお金をまわすことで人生の幅を広げ、充実感を味わうこともできる。これってかなりカッコいいお金の使い方だよね。そう思わん？

草刈　それをみんなでやったらもっとカッコいいですよ。日本人はいい社会をつくるためと、お金から自由になるために、どんどん投資をする。それを知ったら、世界中からそんな国に住みたい、そんな国でビジネスをしたいと人や企業が集まってくるし、日本を手本にしようという国も出てきますよ。

澤上　まさに二十一世紀のモデルだね。そういう国に日本をしていこうよ。

PHP
Business Shinsho

澤上篤人（さわかみ・あつと）

さわかみ投信取締役会長、さわかみホールディングス代表取締役、さわかみ一般財団法人代表理事。1947年、愛知県名古屋市生まれ。70年から74年までスイス・キャピタル・インターナショナルにてアナリスト兼ファンドアドバイザー。その後、80年から96年までピクテ・ジャパン(現・ピクテ投信)代表取締役を務める。96年にさわかみ投資顧問を設立、99年には日本初の独立系投資信託会社であるさわかみ投信を設立。長期投資の志を共にできる顧客を対象に、長期保有型の本格派投信「さわかみファンド」を運営している。同社の投信はこの１本のみで、純資産は約3000億円、顧客数は11万人を超え、日本における長期運用のパイオニアとして熱い支持を集めている。著書に、『2020年に大差がつく長期投資』（産経新聞出版）、『国債が暴落しても長期投資家は平気だよ』（日経ＢＰ社）、『長期投資はじめの一歩』（廣済堂出版）ほか多数。

PHPビジネス新書 348

将来が不安なら、貯金より「のんびり投資」

簡単・安心・手間いらずの長期投資で豊かな人生！

2016年２月１日　第１版第１刷発行

著　者　澤上篤人
発行者　小林成彦
発行所　株式会社ＰＨＰ研究所
東京本部　〒135-8137　江東区豊洲5-6-52
ビジネス出版部　☎03-3520-9619(編集)
普及一部　☎03-3520-9630(販売)
京都本部　〒601-8411　京都市南区西九条北ノ内町11
PHP INTERFACE　http://www.php.co.jp/
装幀　齋藤　稔(株式会社ジーラム)
組版　有限会社エヴリ・シンク
印刷所　共同印刷株式会社
製本所　東京美術紙工協業組合

ISBN978-4-569-82742-1

「ＰＨＰビジネス新書」発刊にあたって

わからないことがあったら「インターネット」で何でも一発で調べられる時代。本という形でビジネスの知識を提供することに何の意味があるのか……その一つの答えとして「**血の通った実務書**」というコンセプトを提案させていただくのが本シリーズです。

経営知識やスキルといった、誰が語っても同じに思えるものでも、ビジネス界の第一線で活躍する人の語る言葉には、独特の迫力があります。そんな、「**現場を知る人が本音で語る**」知識を、ビジネスのあらゆる分野においてご提供していきたいと思っております。

本シリーズのシンボルマークは、理屈よりも実用性を重んじた古代ローマ人のイメージです。彼らが残した知識のように、本書の内容が永きにわたって皆様のビジネスのお役に立ち続けることを願っております。

二〇〇六年四月

ＰＨＰ研究所